建築的傳奇才女

林徽因

樂律

在文學中寄託詩情，在建築藝術中實現抱負，永遠的人間四月天！

一身詩意千尋瀑，萬古人間四月天。
民國才女的詩情與才氣，盪漾在詩意的四月！

輕軟如同花影，癢癢的甜蜜
湧進了你的心窩。
那是笑——詩的笑，畫的笑：
雲的留痕，浪的柔波。

常曉軍 著

目錄

目錄

第五章　用一生回答

第六章　一樹詩華

目錄

序　萬古人間四月天

在如許煙波的歲月中，我們都要經歷無數的人和事，面對無數的挫折與艱難，我們無限感慨和嘆息。然而，林徽因這位生於亂世的女子，卻用她的從容和優雅，書寫了一個時代的傳奇。

她似一滴水，晶瑩透澈，不經意間在歷史的長河中蕩起了美麗的水花；她似暗夜中的流星，奪目耀眼，在天際劃出了與眾不同的光暈。一身詩意千尋瀑，萬古人間四月天。她生得漂亮，活得精彩。她的詩意情懷，總能讓人為之動容；她的素淨溫婉，就像纏綿於心間的愛情，耐人尋味，揮之不去；就連她的一顰一笑，都透著千般意蘊，散發著獨特的美。

流水光陰，百年紅塵。

讀林徽因的故事讓我們感覺自己不是在讀人生長河中的一段歷史，而是在纏綿中悟著獨特的愛情。那段被重現的舊夢，訴說著冥冥中早已注定的情深緣淺和無奈的擦肩而過。不是所有的因緣，都能修得白首同心；亦不是所有的相遇，都能求得美好圓滿。

人生的際遇就是這樣。熱鬧也罷，寂然也罷，對林徽因而言，歲月就像是佛手中拈著的一朵情花，淡然而美好。

「我是天空裡的一片雲，偶爾投影在你的波心——你不必訝異，更無須歡喜——在轉瞬間消滅了蹤影。」

讀林徽因，感受那份恬淡的才情。

你若安好，便是晴天；

你若盛開，清風自來。

第一章 歲月是一朵蓮

安之若素

這是關於過去的故事。

其間有精緻、有美好、有清韻，也有新與舊的交錯與衝突。

還沒有來到這人間的天堂時，她覺得杭州是一場江南的雨，溼潤的氣息中有著濃濃的溫和與生機。如今，她已身在杭州，沿著那條狹長的江南雨巷，撐著紅油紙傘緩緩地走著，身姿嫋娜，讓路人忍不住駐足觀望。

小巷的地面用一塊塊規則的石頭鋪就，被人踩久了，便有了高高低低的起伏，走起路來十分不便。於是，那紅油傘便如同風中抖擻的花，任雨水斜斜地沖刷著。

這朵花從小巷深處款款地飄來，透過雨水細看傘下那位身著暗色旗袍的嬌美女子，彎彎的柳葉眉毛下是一張懵懂的臉，沿著眼尾向內暈染的眼影輕重有致地搭配在一起，又散發出另一種美來，像霧像雨又像風。她如水的眼中，有淡雅、有細膩、有端莊、有秀氣，而一雙淡然的唇則給人語笑嫣然的美好，又與雪色、粉紅相映襯，盡顯內在的涵養和氣質。飄渺的雨已不知道何時溼了她的髮梢，水珠一滴一滴地滑落，浸溼了她的衣襟。經過雨水的撫慰，婀娜的身軀突顯出女人的至柔至美。遠遠望去，彷彿一幅極具情調的圖畫。

雨水也淋溼了這座古老的城市——杭州。人們常說：「上有天堂，下有蘇杭。」能夠生活在這裡，自然是幸福而又愜意的。

這裡來來往往的人不是很多，景色卻是特別的美。遮天蔽日的綠蔭下似乎潛藏了太多的生機和著美妙滋養著這裡的人。杭州美景當屬西湖，湖水波光粼粼，湖邊各種花依次開放著，營造出的美景早已消解了冬季的肅殺。湖中心的小島以及南北兩面的雷峰塔和保俶塔，讓人賞心悅目之餘，還會產生無限的遐想。這些美景在點綴杭州的同時，也見證了這裡的歷史，更蘊含了許多古代文人修身治國平天下的豪情。

但對於一個涉世未深的女孩來說，她一時半會還無法讀懂江南的意境與性格，只是依稀可以感受到與眾不同的人文情懷。在1920年代的杭州城，這個叫林徽因的女孩正在用心感受著故鄉的美好。

在林徽因幼小而又模糊的記憶深處，故鄉就是一張泛黃的底片，一個美好而又短暫的夢。她1904年出生於官宦之家，祖父林孝恂與康有為同為清光緒十五年（西元1889年）的進士。父親林長民是北洋政府的司法部長，堂叔林覺民是〈與妻書〉的作者，黃花崗七十二烈士之一。那時，林家可謂是家道中興、家境富裕，林徽因身邊還有一群好友。雖說身處高牆大院之中久了會感到枯燥無味，但有志同道合的好友在身邊，歡樂的時光自然也就更多一些。父親林長民每日早出晚歸，母親沒有受過教育，因此教育林徽因的任務便落在了和藹的大姑媽身上。據林徽因同父異母的弟弟林暄回憶：「她生在這個書香家庭，受到了嚴格的教育。父親不在時由大姑媽督促。大姑媽比父親大三歲，為人忠厚和藹，對我們姊兄弟親勝生母。」由於父輩對孩子們的學業要求極高，對林徽因更是遍請當時的名士前來傳道授業。因此，林徽因雖然年齡尚小，但已經開始接觸各種文化知識，還讀了《史記》、《詩經》、《左傳》等典籍。

八歲時，林徽因隨著父母到上海讀小學。上海距離杭州很近，不需要太多的車馬勞頓，便可以經常返鄉探望，這也讓林徽因少了許多思鄉之苦。

上海的生活是豐富的，沒有了杭州的靜謐與悠閒，但多了許多異國文化。一位外國人曾在他的文章中如此描寫那個時期的上海：「老於世故的中國人坐在西式馬車裡，精瘦的美國人則乘人力黃包車。摩托車飛馳而過，差點撞到一乘簾子遮得密密實實的轎子，轎中坐的是中國的官太太。一個法國人在上海狹窄的人行道上向人脫帽致敬，帽子正好打在一名穿著精美黃色絲綢外套的印度人臉上。耳中聽到的是捲舌頭的德語夾雜著倫敦俚語。穿巴黎新款時髦衣衫的人旁邊站著近乎半裸的窮苦小工，一對水手踏著雙人腳踏車飛馳而過，兩名穿和服、趿拖鞋的日本仕女轉身避讓，顯得有點惱怒。著一身灰袍的和尚手肘碰到了一名大鬍子的羅馬傳教士……」萬花筒一般的遠東第一大都市，把各國的文明都濃縮於一處。

上海的繁華讓林徽因增長了見識。在接受正規教育的同時，她也對這裡的風土人情產生了濃厚的興趣。上海百樂門的璀璨燈光，那種豪華中閃耀的都是述之不盡的新奇。

四年之後，林徽因又跟隨父母去了北京。與上海相比，這座城市更多的是一種沉暮之氣，四方的城牆牢牢地禁錮著人們的思想。接二連三的搬遷，逐漸消磨著林徽因對於故鄉的記憶。但輾轉多地的經歷也讓她接觸到新的思想和新的觀念。來到北京不久，林徽因就進入培華女中就讀。從入校那天開始，她就完全將自己的心性從大宅中解脫開來，在新的天地中變得更加自由。

在北京待的時間久了，林徽因便喜歡上了這裡。若不是要陪伴父親回鄉省親，她不會這麼開心地離開北京。

此時，林徽因已經年滿十六歲了，長得亭亭玉立，但仍散溢著孩子氣，時而也會透露出一種憂鬱的氣質。她為自己的知識和英語水準日益提升而開心，也為生活中的瑣事而煩惱。她要幫助父親伺候兩位母親的起居，課業之餘還要照看幾位弟妹。可以說家裡的大小事情都需要她來處理。因此，她是一個早熟的孩子。

她從小就不怎麼喜歡言笑，這源於小時候母親對她的影響。

林徽因的生母名叫何雪媛，她目不識丁，十四歲時嫁給林長民，先後生了一男兩女，但只有一個女兒活了下來，就是林徽因。兩個孩子先後夭折的打擊，讓何雪媛陷入痛苦中久久不能自拔，甚至導致嚴重的憂鬱症。那個時代不孝有三，無後為大。眼見何雪媛傳嫡無望，林長民便迎娶了上海女子程桂林。

程桂林嫁入林家後，先後生了四兒一女。林家的長輩們開心極了，逢人便說自家積了陰德，祖墳上冒了青煙。林徽因和母親何雪媛被迫搬到了後院，住小房子。從此，前院承歡，後院悽清。所有讚譽都湧向了林徽因的這位後母。程桂林同樣沒有讀過書，但性情隨和，而且分外喜歡林徽因。一邊是童聲四起，一邊是冷落寂寞。林徽因也喜歡往前院跑，和弟弟妹妹一起玩耍，並親熱地叫程氏「二娘」。這讓何雪媛非常生氣，她的脾氣也越發不好，終日在無盡的怨恨中歇斯底里，經常數落和謾罵林徽因。

生活在這樣的環境中，人怎麼能不感到沉重？隨著年齡的增長，林徽因對這種身處夾縫的壓抑表現出反感。她在小說《繡繡》中講述了自己的童年經歷：

一位乖巧的女孩生活在一個不幸的家庭裡，娘親懦弱無能，狹隘多病，父親將其冷落，娶了姨娘又生了孩子。女孩整天夾在無休止的爭吵中度過，徬徨之中沒有溫情，沒有愛憐，過得很無奈。

為了盡快從這樣的環境中走出來，林徽因只好讓自己變得更堅強、更有主見。她很想幫助母親卻又不知道從何處著手，很多時候只能望著花草發呆。

花草雖然不能言語，卻是有生命的，尤其是那些盛放在石槽中的蓮花，那可愛的姿態就像是一群純情的少女，在屬於自己的世界裡翩然起舞。「予獨愛蓮之出淤泥而不染，濯清漣而不妖。」蓮花的這種高潔的特質讓林徽因學會不去過多地埋怨時乖運蹇，也不去嘆喟世態炎涼，只學著泰然自若地面對生活中的種種不快。

現在想來，林徽因和張愛玲的命運是何其相似。她們都生在傳統中國的多妻家庭中，同樣因為父母的交惡而讓童年生活罩上了一層陰霾，讓人感到心酸。可她們又都是如此與眾不同，雖然經歷坎坷卻一直讓自己活得如同翠蓮吐蕊一般，自尊自愛，優雅成熟。

這次回到杭州，林徽因再一次看到了陸官巷那所青磚大宅子，記憶深處的往事被這些熟悉的場景一一勾了起來。面對以前居住過的房間，使用過的玩具、飾物，還有書房和那些枯萎的蓮花，她終於有時間一個人靜靜地回想與過往相關的事情了。那些時日，她沒有功課的負擔，可以盡情玩樂，走訪親戚，拜會朋友，那感覺就像小時候過年一樣。在這樣的自由自在中，林徽因又想起了自己曾經得過一回水痘的經歷來，大概也就是在六歲左右吧。

依稀中還記得父親說過，每個孩子在成長的過程中都會有這樣的「難忘」經歷，便從內心深處喜歡起這所謂的「水珠」來。這樣的喜歡自然奇怪，可是她硬是咬著牙、忍著疼痛來喜歡。面對這樣的病症，大人只是沒完沒了地擔心，並帶著諸多好奇與不解。林徽因卻把自己的感覺一字不落地寫在了文字中。

當時我很喜歡那美麗的名字，忘卻它是一種病，因而也覺到一種神祕的驕傲，只要人過我窗口問問出「水珠」麼？我就感到一種榮耀。

把蓮花當作自己尚可理解，把生病當作一種榮耀卻真是不可思議了。然而，這個年齡的林徽因的確是讓人捉摸不透的。

父親不在家時，身為長女的她即使帶著弟弟妹妹一起玩，也從來不會把年邁的祖父扔在一旁不聞不問。老人自然是看在眼裡，喜在心裡，慢慢地便刻意安排她做一些事情，比如說代筆寫信。確實，從一封封來往的書信中，父親林長民也看到了林徽因的各種變化與不同。

徽兒：

知悉得汝兩信，我心甚喜。兒讀書進益，又馴良，知道理，我尤愛汝。聞娘娘往嘉興，現已歸否？趾趾聞甚可愛，尚有鬧癖（脾）氣否？望告我。

祖父日來安好否？汝要好好討老人歡喜。茲寄甜真酥糕一筒賞汝。我本期不及作長書，汝可稟告祖父母，我都安好。

父　長民

三月廿日

寫信，讓林徽因變得更加早熟起來。正如她的好友費慰梅所言：「她的早熟可能使家中的親戚把她當成一個成人，而因此騙走了她的童年。」確實，那時林徽因在家中的身分正在發生著變化，她已不再單純地寫信匯報家裡的情況。有一次父親外出去日本，喜歡讀書的林徽因便全身心地沉浸在書房之中。或許是出於無意，她突然對書房中的字畫產生了興趣，起先只是一幅幅地開啟來觀賞，後來見這些精美的作品凌亂地堆放在地上，便想幫父親做些力所能及的事情。於是，她把這些數量可觀的字畫精心挑選分類，然後又下功夫編成了收藏目錄。這樣的做法，怎麼能不讓人開心呢？

身為林徽因生命中第一個真正欣賞她的人，林長民把自己所有的喜愛都換成了另一種方式來表現。他也知道，「做一個天才女兒的父親，不是容易享的福，你得放低你天倫的輩分，先求做到友誼的了解。」

祖父病故後，林徽因便少了與父親的書信來往。這時的她心態不斷成熟，也多了幾分陰柔之美。她開始喜歡穿旗袍，給予人舒服、優雅和得體的感覺。

現在，她行走在雨巷中，身著突顯身材的旗袍。她知道，如果是在北京，自己就不會如此隨意了。培華女中是英國人創辦的一所教會學校，始終以嚴謹的教風著稱。不論是誰，每天都必須身著校服，在各種教條教規中度過忐忑不安的一天。

清風自來

1920年的夏天，林長民作為北洋政府的代表，前往倫敦訪問考察最近創立的國際聯盟。

辭別杭州老家之後，林徽因就隨父親開始了前往英國的航行。無邊無際的大海，彷彿看不到盡頭。

海面泛著光，依稀從黑夜中漸漸亮了起來。偌大的輪船行駛在海面上，彷彿就要觸及內心深處的遠方。那一刻她的感覺就像是步入了無人的叢林之中，處處都是綠，既有著新鮮，旋而又生出諸多的枯燥來。

在此之前，她確確實實在黃浦江中見過大大小小的船，自若地穿梭著，吞吐著濃濃的黑煙，時不時地還發出巨大的吼叫，讓人感覺那分明就是一頭頭無比巨大的怪物。一群孩子特別喜歡趴在江邊的欄杆上觀望，他們單純的內心始終不明白這麼大的鐵船是如何平穩而又快速地行駛的，而且還能裝載那麼多的貨物。所以，孩子們那時就在心裡期望著快快長大，希望有一天也能夠乘坐這些大船出海。林徽因的話雖然不多，但她的想法不少，可能就是從那個時候開始，她從別人的言談長出了自己的夢想。

所以，當林徽因在碼頭上看見這些高高大大的「鐵傢伙」時，心中就開始激動，那種感覺從未有過，以至於她都不知道該如何來形容才好。船上掛滿了彩旗，海風吹來，旗子忽高忽低地飄著，發出獵獵聲響。四處的人都朝著那狹窄的登船口擠去。林徽因緊緊地跟隨在父親身後，手裡提著自己簡單的行李，在人潮中緩緩向前移動。父親則表現得十分從容，這些年來來往往的出國行程，早已讓他習慣了這一切。他還是留著那簇大鬍子，背影顯得高大而又堅實。

其實，林徽因更想停下急匆匆的腳步，好好看一下這「鐵傢伙」到底是個什麼樣的「怪物」。但父親的腳步是那麼的堅定，這使得她一時半會兒不知道該如何開口，只能緊跟著父親的腳步，生怕自己迷失在人流之中。

也不知道是如何在雜亂中登上這艘船的，當眼前豁然開朗之際，林徽因的心情才算好了起來，耳邊那些送別的聲音也似乎少了許多。站在高處視野自然是不同的，人變小了，房屋也開始朝著後面退去，她第一次有機會看到不一樣的江海，看著那翻滾的海浪，竟生出了許許多多的遐想。

在海上的這些日子，可以讀書，可以聊天，可以放開思緒肆意地去思考未來的一切。這海面上生出的朵朵浪花是恣意、是傲然也是憂鬱，卻又如同林徽因此時此刻的心情，有著稚嫩，有著芬芳，在海面上散發著屬於季節的味道。那種居高臨下的感覺可能會令人產生眩暈，但又像是淡淡的男女戀愛，時不時就會讓她的臉頰爬上紅暈。

在林長民看來，這紅暈卻像這海面上早起的朝霞，不僅可愛還透著奇異的光芒。他彷彿從中看到了屬於女兒的最為美好的日子。

海上行程是新鮮的，林徽因已經不知不覺地沉浸其中。她喜歡一個人手撫著船舷看海，那充滿憐惜的撫摸彷彿是在欣賞一件無比珍貴的老物件。海水也是有趣的，完全就像是被陽光照耀得燒開了一般，在金光閃閃中上下躍動著，讓人不由得要生出許多臆想來。那些光就像是春天的面孔，藍色看著看著就成了屬於這個季節的深綠，真想讓人越出船舷去探尋一下海水的溫度。

海面上泛起的波紋彷若滿天閃爍的星星，好像每滴水中都晃動著自己的影子。林徽因感覺自己像被一滴海水包裹著，隨著微微的海波輕輕晃動。

「父親，這應該是大海最好看的時候吧？」林徽因在沉默了許久之後，突然冷不防地問了一句。

林長民正在一旁無聊地抽著菸。他茂密的大鬍子和手中的菸斗配合起來，給人一種非常紳士的感覺。聽到這句問話後，他滿含笑容地望著眼前這個出落得大方得體的女兒，卻沒有回答。林徽因是第一次出遠門，又是在這浩渺的海面上，她所有新奇的想法其實都在意料之中。

船已經行駛了近一週的時間。

此時，林徽因正出神地望著灑滿朝霞的海面，似乎想讓自己也身處其中。那感覺分明就是最美好的人間四月。

林長民不知道女兒到底在想什麼，卻已經在不經意中被她憑欄遠望的出神樣子給打動了。或許美麗都停留在神祕和未知之中，就像陽明山上冷豔的君子蘭，始終與世俗隔著一段距離，讓人無法看透。據常年在山上採藥的人講，每年三月開始，陽明山上的花就盛放不絕，整座山彷彿童話世界中的仙境一樣，色彩斑斕。除了海芋、紫色的杜鵑外，最招惹人的就是君子蘭了。這種花多生長在懸崖峭壁處或山頂處，以其光滑的葉子彰顯著其威武不屈的高貴品格和謙謙溫和的內涵，也正是這些猶如碧玉的葉脈，讓富麗堂皇的牡丹、芳香濃郁的百合都望塵莫及。

關於君子蘭還有個美麗的傳說，講的是一位王子喜歡上了一個平凡人家的女孩，兩個人偷偷地相愛了。然而，有一位公主卻深愛著這位王子，知道王子另有所屬時因為傷心難過，便將此事告訴了國王，國王處死了那位平凡人家的女孩。王子再也見不到心上人，心灰意冷，所有的怨恨都湧向了公主。公主愛而不得，日漸憔悴，終有一天不能動彈，只能望著王子的背影。最後，她的身體化作泥土，衣服化為枝葉，變成了一棵君子蘭。停止呼吸的瞬間，花朵覆蓋她的全身，她永遠都朝著城堡的方向——王子的位置。雖然人已死去，但愛意卻從未減少。

也就是在那一刻，林長民感覺到女兒徽因更有些君子蘭的味道，受人喜愛卻又不是憑藉著嬌豔的容貌，她骨子裡透出有才不驕、得志不傲、居谷不卑的性格。雖然長年累月地忙於公事，可林長民對於女兒的種種喜好是熟知的，相對於君子蘭，她更喜歡出淤泥而不染，迎驕陽而不懼的蓮花。作為佛教中的聖潔之物，其實早在三千多年前的《詩經》中，就有了這種唯美的記載。

彼澤之陂，有蒲與荷。有美一人，傷如之何？寤寐無為，涕泗滂沱。

林徽因喜歡讀書，她自是懂得這些意思的。現在看來在某種意義上，蓮花和君子蘭都有著共同的氣質，喜歡者多為偏冷靜之人。

海在沉靜地呼吸著，不時地展現著它的神祕，時而粗獷，時而飽滿，在各種反覆變幻中，隨心所欲地演繹著柔美。經過幾日的航行，林徽因已經喜歡上了這座移動的「城堡」，她感覺在船上和在地面上並沒有太多的區別，也感覺不到任何大的顛簸。偶爾還可以在甲板上跑跑步或者活動一下身體，海風吹來有著無限的愜意。海鷗也是無比熱情的，牠們盤旋在輪船附近，不停地和旅人打著招呼，有好幾次乾脆就停在船的欄杆上歇息。那時候，林徽因才發現這世界上的每一處，都有著無法言喻的美妙。旅途中，睡覺其實也不失為一種好的享受。每當她從夢中醒來時，隔著窗戶就會看到一個陌生的國家或者城市，法國、義大利……那些奇特的建築撲面而來，一切都是全新的，和著濃郁的風土人情一一呈現在眼前。有時林徽因也會利用輪船補給的空檔，隨著父親下船，步入這些不同風格的城市。這樣的遊歷其實蠻有意思。不久後，停泊在碼頭的船又開始有了動靜，有人上、有人下，走動間又多了一些喧囂，於是，她就靜靜地看著這些熱鬧的場景。除了外面的風景，還有輪船上的佳餚美饌，讓人眼花撩亂，不知該如何選擇。

林徽因慢慢地把對大海的激情轉化為喜悅，並發現大海對自己有一種莫名的吸引力。就像那從留聲機中發出來的悠然樂聲，總會在婉轉中讓人為之一振。

她突然發現，沒事可做的時候才是最美的歲月。

那時節，她最喜歡的事情就是將西化的上海和傳統的北京進行比較。如果說上海是紙醉金迷，那麼北京就是沉靜含蓄。上海作為從18世紀開埠的繁華國際大都市，十里洋場是對它最好的概括，當然，這座城市也有著自己的東方韻味。而北京卻是鴿哨與鳥籠交織的靜謐，古老的皇城氣質在四合院、悠遠的衚衕和寺廟中散發出來。身著藍布衫的人們悠然地閒逛著，身邊的駝隊晃動著發出陣陣鈴聲，來來往往地馱著大包小包的貨物，就和這四方城裡的人一樣，安然而又自在地日出而作、日落而息。

林徽因又把這些比較換了一番場景，移到了平穩的海面上，讓所有的記憶和慾望一樣沒有窮盡地延伸著。在這些時日裡，她除了漫無目的地思考之外，還在想著另一個問題，那便是自己的人生歸宿。去年，即 1919 年，林長民的朋友梁啟超得知他要赴倫敦的事後，兩家人一商議便著手操辦一件讓林徽因沒有想到的事情——定親。這年，梁思成十八歲，她十五歲。

雖然渴望愛情早些到來，但年輕的林徽因卻不想將自己的婚姻束縛在這樣的約定之中。這幾年，她也陸陸續續見識了身邊朋友的婚姻，有美滿也有不幸。

反正，不管怎麼樣，兩個對於兒女之事尚未開化的少男少女，就這樣要在二人父親的談笑風生中逐漸走到一起。林長民和梁啟超相識很久，又同為五四新文化運動的火炬手，所以兩個孩子的結識也在情理之中。當這兩家人此次坐在一起時，這件原本私密的事情便公之於眾了。

北京的夏天熱得有些讓人喘不過氣來。

從景山西街的雪池衚衕到南長街織女橋的梁家大院，路不長，人力黃包車很快就結束了這短暫的行程。在梁啟超寬大的書房裡，已是翩翩少年的梁思成被林徽因深深吸引，在這次正式相見的一瞬間，那個邁入門檻的她便牢牢地占據了他的世界。

梁思成深情地看了一眼比自己小三歲的林徽因，而此時的林徽因卻將頭深深地埋在胸前，臉上早已羞得紅潤一片。在她的想法中，自己接受西式的教育，當然更期望能夠來一次浪漫多情的自由戀愛，而後再登報秀一番與眾不同的恩愛。這樣的美好是值得人憧憬的，可是父母之命又不能不聽。當然，這兩位家長也並非全然是家長式的武斷，他們在某種程度上還是傾向於尊重孩子們的意見。

你若安好，清風自來。

待思緒慢慢退去，大海便成了久違的朋友，在風的寧靜中可以發現內心真正的自我，去除一切不必要的煩惱。在那一刻林徽因感到自己是真實的、放鬆的。

林徽因的出色要得益於父親的培養。

林長民早年就讀於日本早稻田大學，畢業回國後與同學劉崇佑在福州創辦了一所政治學堂。原本想用所學的知識培養一些對國家建設有用的人才，但沒過多久，辛亥革命爆發，於是這位血氣方剛的年輕人立即投入了革命的洪流之中，先後奔赴上海、北京等地積極為革命吶喊呼籲。由於這種種表現，林長民很快就成為國民政府臨時參議院的祕書長，參與進《中華民國臨時約法》的草擬工作中。所有這一切讓林長民感覺到自己終於有了用武之地，之後他又在北洋政府中擔任司法總長職務，並出席了巴黎和會。

原本這一切的發展都是順水順風，所有的成就也讓人羨慕不已。但林長民卻不滿當局在巴黎和會上表現出的種種軟弱，他以司法為利器，積極在國內倡導憲政，並且不畏懼列強的淫威，於1919年5月2日在《晨報》上發表了〈外交警報敬告國民〉一文，引起了國內民眾的強烈反響。1919年5月4日下午，北京十三所學校的三千多名愛國學生舉行示威遊行。五四運動爆發。

林長民將自己的這種性格悄無聲息地傳給了女兒，以至於林徽因在她之後的人生中，也一直努力追求著人格上的獨立與自由。受林長民的影響，林徽因在傳統文化修養和西方文化認知方面也有很高的造詣。但她也有脆弱的一面，對於寂寞和孤獨，林徽因有著天生的恐懼。比如一到了黑夜，她就總會莫名地感到害怕，這或許是源於她早早就感受到的複雜生活吧。而出生於日本東京的梁思成則不同，他比林徽因大三歲，卻對這個社會表現出了無限的熱情。上學期間他就是樂隊的指揮，後來又陸續參與了策劃設計等活動，凡是興趣所至之處，他都不會輕易放過。

梁思成的成長同樣受到了其父梁啟超的影響。

當年，梁啟超因為戊戌變法失敗，心情一直沉悶著，而長子梁思成的突然降臨，讓他多多少少又感到一些欣慰。儘管當時條件艱苦，但梁思成始終生活在一個家庭和睦的環境之中，這與林徽因的境遇截然不同。梁思成上學後，梁啟超一邊忙著參與政治變革，一邊教兒子閱讀中國傳統文化典籍，強化他對傳統文化的興趣。因此，梁思成是在一個充滿關愛的環境中成長的。

對國家命運的關心讓梁啟超和林長民越走越近。

確實，當年要不是林長民與湯化龍等人在上海成立「共和建設討論會」，絕無可能與梁啟超相識。當時的梁啟超因為參與戊戌變法失敗，流亡日本已有三年。但在討論會成員的眼中，梁啟超仍是一個能夠肩負重任之人。因此，大家一致決定擁護在日本流亡的梁啟超為領袖，並立即發電請其歸國。

本是一段工作中的際遇，卻沒想到讓林長民和梁啟超成為至交。1917年，梁啟超出任北洋政府的財務總長，而林長民也同時成為司法總長。由於兩家住的距離不遠，又時常互相走動，因此膝下的孩子們也彼此熟悉，經常玩在一處。於是，兩個意氣相投的人在喝茶聊天之際生出了結成親家的想法。

「郎騎竹馬來，繞床弄青梅。同居長干里，兩小無嫌猜。」從古至今，這樣的故事不乏其數。但人生中的青梅竹馬到底是什麼樣的感情？是潛藏在心的歡喜，還是無法割捨的傷痛？

對梁思成和林徽因來說，不知道這段美好的往事是會在歲月的流逝中淡去，還是會牢不可破地銘刻在心。反正，眼前這一切呈現著天作之合的味道。

林徽因清楚地記得，那次離開了梁家書房之後，她很快就接到了梁思成的盛情邀請——一封字跡秀氣而又工整的書信，讓人很容易想到那副儒雅白淨的面孔來。她不敢張揚，只是悉心地收好信，思慮再三後應了下來。

那個時候，社會正在興起「男女婚姻，皆由本人自擇，情志相合，乃立合約」的風氣，並提倡「女子當與男子一切同之」、「以啟智慧，養其德性，健其身體，以造就其將來為賢母、為賢婦之始基」。培華女中雖為教會辦學，但在啟蒙女性方面無疑發揮了重要作用。入學以來，林徽因很快就接受了西學中男女平等、婦女解放等先進思想，並且在學習傳統文化的同時，又對繪畫、音樂、工藝等課程產生了濃厚的興趣。

她與梁思成雖然都在北京，但一個在教規甚嚴的女中，另一個在清華學校（清華大學前身），真的要見面也不容易。於是，這對青梅竹馬的年輕人最後把見面地點約在了太廟。

太廟位於天安門東側，四周有三重圍牆，裡面遍植蒼翠松柏，是明清兩代皇帝祭奠祖先的家廟。相對於紫禁城而言，這裡給人感覺特別安靜，雖說也不乏莊嚴肅穆，但更透著一種怵目驚心的荒涼。在這樣殘破不堪的環境中，已經無法從中讀出古代王權與神權的象徵。在那個兵荒馬亂的時代，人們連生計都沒有保障，誰又有心情去管理和修繕這些根本就沒有人間煙火氣息的建築呢？

兩人在荒草中漫無目的地行走著，其實也不知道該說些什麼才好。一個在前面走著，不一會兒的工夫就在荒草叢中開出了一條可以過人的道路；而另一個則小心翼翼地跟在後面，生怕從這些草中竄出來一些蟲子。蒼翠的枝葉壓抑著天空，似乎要將藍藍的天分割成各種奇怪的形狀，而兩個「拓荒者」就這樣走著，甚至連梁思成自己也有些埋怨自己，為什麼會選擇這樣的一個地方？

七月的天氣已經有些熱了，知了不停地叫著，連周邊楊樹上歇息著的喜鵲也聽煩了，黑白相間的身體時而飛起，時而又不安地停在樹梢上，讓人不知道牠究竟在幹什麼。因為太廟的荒蕪，已經很少有人來這裡，所以這些小生命們很快就占據了這裡，並將其視為自己的樂園。現在突然有人闖了進來，牠們一個個自然都特別驚慌。

梁思成與林徽因十分彆扭地走著，兩人的衣服上已經沾掛了許多草。一隻野雉突然從旁邊的草叢中撲騰起來，花紅的翅膀有力地扇著，以笨拙的姿勢朝著太廟的廊簷下飛去，把周圍的草扇得東倒西歪。雖說林徽因平日裡膽子並不算小，但在這樣的環境中，任何的風吹草動都會讓她心驚肉跳，擔心會不會從哪裡突然爬出一條蛇，恐怖地朝自己吐信。

她不知道自己朝著什麼方向躲避才安全，就轉身朝著來路跑了起來，齊耳的短髮在風中飛揚，濃密的瀏海也向四處翻飛。林徽因已經來不及在乎地面上的裂縫和那些高高矮矮的草叢了，她穿著學生裝，邊奔跑邊叫喊，女性溫柔優雅的形象陡然間全部消失了。突然，只覺得腳下一軟，整個人就要朝前撲倒下去。梁思成正在前面汗流浹背地開著路，沒注意到後面發生了什麼，等他轉過身時，發現平日裡端莊穩重的林徽因正在慌亂地往回跑，便立刻衝了過去。等他抓住她的手時，兩個人的腳步才終於停了下來。

「有怪物，有怪物啊！」顯然，林徽因還處於驚嚇之中。

「別嚇自己了，會人嚇人嚇死人的。」梁思成看著眼前這個毫不矯飾的女子，她臉上一片白一片紅，汗水和著灰塵，已經凝結成不規則的痕跡。但即便這樣也並不影響她的天生麗質，兩鬢處的頭髮分明經過修剪，依稀還可以看到白皙的皮膚，細膩的臉頰更加映襯著她獨特的美。她的眼睛，水靈得彷彿是高原上的神湖，讓人一眼望不到底，緊張中透露出少女的羞澀。他又大膽地把目光從泛光的腮部移到了細軟的嘴唇上。當然，他只是藉著這個難得的機會細細觀看，再次證實自己的眼光沒錯。

「真的好美。」這句話令林徽因從惶恐中驚醒了過來，她不知道自己該是什麼表情才好，還從來沒有一個男生會距離自己這麼近。

「幹什麼？」她明顯被這樣的不懷好意激怒了。

「沒，沒——什麼。」平日口齒伶俐的梁思成頓時變得結結巴巴起來，那模樣就彷彿是一個正在偷東西的人冷不丁地被人給抓住了。

「還說沒幹什麼？」她一副不依不饒的樣子。

「我保證，什麼都沒有過，就是剛才看見你臉上有片草葉子。」梁思成靈機一動，為自己找了個藉口。林徽因順勢朝著臉上摸起來，自然什麼也不會摸到。

「啊，你還敢拉著我的手啊！」她又驚叫起來。

原來，等她的心緒逐漸平靜下來，才發現自己的手被他牽著。這不經意的牽手，突然間讓她有種奇妙的感覺，手心似乎很燙又好像特別潮溼，真不知道該如何形容這種感覺，只覺得似乎有絲絲的電流在身體內穿越。對林徽因來說，今天發生的這些事情都是她從來不曾經歷過的，她真是沒有想到，這男女之間的授受相親竟然是如此的妙不可言。她不由得想起書裡寫的那些故事，恍然明白了人和人之間，或許因為那不經意的一眼就足以情定終身。直至回到家裡，林徽因的緊張心情都無法恢復，她一直在回憶著自己是如何被牽手的，那一剎那的美好感覺是從好奇到恐懼，很快又變為莫名的欣喜與幸福。

被野雉驚嚇的小插曲過後，等二人真正走近太廟時，精美的建築很快就轉移了他們的視線和注意。這些建築雖然已經在日晒雨淋中變得破舊不堪，但房頂上的脊獸卻依然殘留著帝王的氣息，彰顯著氣勢。兩個年輕人欣賞著古老建築的各種驚豔之處，深深沉醉其中，這場景就像一幅凝聚著時光的畫。北京這座明清兩個朝代的都城，以其獨有的時代感見證了梁、林兩個人的接觸與交往，而這些建築也似乎在冥冥中與他們結下了不解之緣。

那天下午，他們很快就緩解了尷尬的氣氛，彼此不經意的目光接觸也沒有了太多的慌張。最重要的是從太廟的那些精美建築中，他們竟然找到了共同的愛好與話題，這又是他們從未料到過的。

從感情的發展來看，如果機緣注定要續寫這段史上最為優雅的思念，或許只有用「青青子衿，悠悠我心」來表達了。只不過，智慧的林徽因沒有將這種思緒表現在外，而是以另外一種方式深藏於內心；梁思成則大為不同，他在努力表達著自己的情緒，將心思用在為她所做的一切事情之中。

望著梁思成逐漸遠去的背影，林徽因突然想起了梁啟超的那篇朗朗上口的〈少年中國說〉來。她會心地笑了笑，什麼也沒有說。

少年強則國強，
少年獨立則國獨立，
少年自由則國自由，
少年進步則國進步，
……

外面的世界

其實，結伴同遊是件快樂的事。

太廟裡，荒草自由繁茂地生長著。但這片荒蕪破舊的景象背後，其實還有著「古」的氣息，讓人心神為之一舒。廟裡空無一人，說話都有著甕聲甕氣的回音。仰頭望去，全是參差的樹木在風中不停地搖擺。地上的堆堆瓦礫散發著古舊、寂寥的氣息，讓人忍不住去憑弔。樹下鋪陳著厚厚的鳥糞，白的、黑的，厚厚的一層沾染在路面、樹葉和草上，不過即使這樣的情景，也讓人生出一種敬畏之情。恰恰是由於很少有人來這裡遊玩，太廟中便多了些許神祕的味道，處處是蒼茫超脫，與廟外的漫漫綠野形成對比。

偌大的太廟中，就只有他們兩個人在閒逛著。如果說，男女之間的相處有著無法說清的靈動清新和靦腆快樂，那麼這樣的接觸便如同喝下了一杯濃濃的濃湯，讓每個青春的毛孔都感受到了特別的撫慰。

在不曾仔細看過她的容貌前，梁思成已經為其怦然心動；而當他無意端詳過眼前這個女子後，便更生出了一種特殊的感覺，那分明就是異性的戀慕。世上的花有千萬朵，天上的繁星有億萬顆，但與林徽因的相遇卻讓他發現，她是花中最美的一朵，繁星中最亮的一顆，以至於很多年之後想起來時，才恍然大悟，原來自己的心早從那時開始便被她不知不覺地偷走了。在這樣的陌生環境裡，她需要關懷、需要依靠，也需要一份特殊的感情。

其實，林徽因自太廟見過梁思成後，並不清楚他對自己的印象究竟怎樣，也沒有過多地去問。一整天裡，看著這個大男孩竟時時處處表現著細心。休息時，他會主動拂去石凳上的灰塵；行走時，又會主動幫自己提包；甚至發現自己流汗，都會主動遞上一方手帕來。這所有的關心都是如此熨慰，讓她感到溫暖又甜蜜。

林徽因雖然身處在那個思想守舊又戰亂紛飛的時代，卻始終不缺乏獨立、開放的精神。我們今天再看那些民國資料，依然會從中感受到屬於那個時代的獨特氣質。所以，林徽因這樣的女子是一份難得的美好，她的舉手投足、修養都透著一股獨特氣質。

那天，他們談了不少的話題。

「你不打算出國留學嗎？」

林徽因若有所思地搖搖頭，她知道，從晚清開始，中國人出國留學就漸漸成了一種風氣和潮流，到了民國變得更甚。許多人透過外國傳教士或者教會的資助走出國門，去外界接受新的科學知識。隨著時代的發展，數以萬計的青年都懷著理想，遠渡重洋前往外國學習、追求真理，學習先進國家的先進科學技術。林徽因身邊也有不少同學走這樣的路，當然這也是她夢寐以求的事。父親林長民當年就曾留學日本，回國後視拯救中華民族危機為己任。父親身上所具有的儒雅風流、氣度胸懷，既有中國傳統文化的影子，也得益於出國留學的經歷，更重要的是他對自己的教養也是中國傳統文化和西方文化的融合。在這個過程中，林徽因不僅僅是出於崇拜之心來認識父親，更是想從父親身上感知到相對開放自由的外界。

「你要留學嗎？」林徽因出於禮節回問道。

「嗯，父親準備讓我留學去學習制夷之技。」說這些話的時候，他的眼睛終於抬了起來，那分明就是在問對方願不願意一起去。1912年，十一歲的梁思成跟隨父母從日本回到北京，先後就讀於北京崇德國小及匯文中學。十四歲時進入清華學校讀書。學習期間，成績優異的他不但喜歡音樂、美術，而且對運動也是滿懷熱情，不僅經常參加學校的合唱團、軍樂隊，還先後擔任樂隊隊長和第一小號手。此外，他還被校刊聘任為美術編輯，經常幫助排版和繪製各種插圖。

梁思成是個多才多藝的人，林徽因也是透過聊天一點一點才了解到的。那一整天的接觸下來，她知道他並非那種油嘴滑舌之人。只是面對這樣的詢問眼神，林徽因實在無法做出回答，因為她也不知道家人會如何安排自己以後的求學之路。最要命的是她似乎根本就沒有想過這些問題。

離開太廟時，西邊的雲彩已經一片通紅。一天的喧囂之後，這座古老的城市又恢復寧靜。那些歸巢的鳥兒，在空中趁機活躍著身姿，似乎是留戀又似乎是一種告別的儀式。梁思成和林徽因也即將踏上匆匆的回家之路。

只是不知道眼前的快樂，能否讓他們擁有未來。

「讓我送你回家吧？」這個時候，書生氣息的他表現出了屬於男人的勇氣。

「不用了吧？我家離這裡很近的。」林徽因內心是敏感的，在與梁思成見面的那一刻，就已經察覺到了他的局促、緊張。這樣的表情中帶著痴迷、甜蜜，當然也有淡淡的憂傷和虛幻。但就在對話的過程中，她發現自己的想法也很糾結，既期望梁思成能送自己，又不想彼此走得太近。

她再三推辭不過，只好點頭應允。離開無比靜寂的太廟，回到了人來車往的繁華中時，他們就彷彿是從天際來到了人間。當這兩個年輕人穿行在城市當中時，彼此間的熟絡已經讓他們在說話時沒有了之前的顧慮。

這是十分美好的一天。

分別之際，梁思成又主動邀請林徽因去看樂隊演奏。或許每個女孩子在這個時候都渴望擁抱或聽到一些甜言蜜語，只是在這太多的未知中，林徽因不願意讓自己如此迅速地沉浸於愛情之中。

剎那芳華，水墨青花。始終在為自己譜寫著如夏花般絢爛人生的林徽因，雖然此時年幼，但身上卻不乏智慧的氣息。她知道自己當下並不需要粉色的夢想，寂寞只能深植在心底深處，這是對自己的節制。縱然在一天的遊玩中表現出了熱情和飄逸，但她也不能失去屬於自己的優雅。

受益於父親的精神滋養，梁思成十分信任自己的眼光，主要是因為林徽因身上的安靜既折射著才情與風華，也張揚著她充滿自立精神的獨特品格。可以說，她的美已不再局限於五官，更為準確地說，這美感來自靈魂。只要一走近，就能深深感受到那種優雅、豐盈。總之，林徽因這朵令人神往的蓮花已經受到了目光的追隨，她的優雅更像是一道風景，讓這個才開始接觸情感的大男孩感受到了舒心，也嘗到了愜意。

能懂得自己，不苛責自己，也不苛責旁人。不難自己所不能，也不難別人所不能，更不怨命運或者上天，看清了世界本是各種人性混合而成的糾紛。

林徽因在面對複雜的人性時是如此淡定、超脫，以至於能在風輕雲淡中不著筆墨，淡看花開花落。但這些，正處於情感懵懂期的梁思成是無法明白的，浪漫已經占據了他的全部，以至於他在這個時候根本無法看清現實。

面對梁思成熱情的邀約，林徽因並沒有拒絕。一週後，她如約去了清華學校看樂隊排練。不懂才會感到新鮮，才會帶著未知的好奇。雖然她經常會在廣場上見到類似的表演，也為藝術家的精彩表現感到興奮，但真正要去了解幕後的排練，確實有著太多的開心。

作為當時民國五所名校之一的清華學校，可以用一句話來描述：「倚燕山而望玉泉塔影，鄰頤和而近圓明故垣。」明朝時這裡為私家花園，清朝康熙年間則是圓明園的一部分。成為清華園以後，其間仍是秀木森森，古蹟林立。河水從中蜿蜒而過，穿過古風雅緻，便多了光彩秀麗，多了曲徑通幽，多了園景旖旎。園內有著與校外不同的自然之美，恍若一處世外桃源，人行走在其中，目之所及，處處都有著蒼翠的綠、驚豔的彩，盡顯著典雅風範。樹影荷塘、鳥語花香，林徽因從這樣心醉的享受中走出來後，便循著高低起伏的音樂聲找到了樂隊排練室。出於對音樂的好奇，她偷偷地趴在窗邊透過玻璃往裡看。

樂隊正在梁思成的指揮下認真地排練著，音符彷彿就在指揮棒的上下揮舞中躍動著，如同千軍萬馬在奔騰，雄壯而又深情，又如滔滔不絕的江水，奔放不乏優美。只感覺那風在耳邊怒吼，氣吞山河。樂隊在熱情奔放的旋律裡，撩動出最為動情的波瀾壯闊，以有力的氣勢寄託了不屈的氣概，以獨特的靈魂歌頌了不屈不撓的精神。梁思成手中的指揮棒看起來尤其帶著一種儒雅的「霸氣」，情緒隨著他手臂的起落變得時而激越，時而委婉，時而動人。他微閉著眼，把那種投入和忘我都融會在激情和熱烈當中。樂曲給人的感覺就像是漸次綻放的花蕾，一朵一朵攝人魂魄，完美地響徹在排練室內。

在悠揚而又雄渾的樂曲中，林徽因分明感受到了內心的震撼，也為這樣獨特的音樂風格和別樣的藝術氣息而驚嘆。她完全忘記了自己與排練廳還隔著一層玻璃，隨著流暢而感動的旋律停了下來，她竟然想伸出手去鼓掌，結果差一點撞到鼻梁。

這時，梁思成才發現一直在門外「偷窺」的林徽因，趕緊走過來，手裡面還握著指揮棒，不失紳士風度地伸手邀請，展現了個人的涵養和開放的校風。

「你怎麼來也不說一聲啊，徽因？」顯然，激動的情緒使他不知該如何表達這樣的心情，但這種激動中同時還有著一種自信和炫耀。

「我，我，我想我能找到地方的。」只聽旁邊一陣鬨笑，其實聲音並不怎麼大，卻讓林徽因十分尷尬。她站在梁思成身前，好像一個做錯事的孩子，低著頭站也不是，坐也不是。

樂團成員見此情景，都知趣地陸陸續續離開了教室，剛才還翻飛著音樂的地方，頓時又變得一片安靜。

「歡迎你來我們學校。」梁思成又找不到剛才的自如了，他不知道該怎麼面對這個充滿詩意的女子。在他眼裡，也許是因為出生於西子湖畔，林徽因不凡的談吐似乎帶著與生俱來的詩意。這樣的女子應該是感性的，充滿著無盡的情思和趣味，但偏偏她又是趨向於理性的，身上盡顯著優雅與聰慧。

「你都邀請了，要是不來就顯得我不近人情了。再說上次去太廟，你講了不少的建築知識和繪畫知識，我很感興趣。今天專程來看看你的音樂才華。」她的話中帶著調侃，但更多的是對梁思成印象的總結與歸納。這個看起來弱不禁風的大男孩，細細思索竟然有許多的可取之處，並非人們第一眼見到的那樣油頭粉面。

「這算是在誇獎我嗎？古人說水低成海，人低成王；聖者無名，大者無形；鷹立如睡，虎行似病；貴而不顯，華而不炫；韜光養晦，深藏不露；才高不自詡，位高不自傲。」或許是為了表現自己，梁思成一口氣引用了許多經典。

「你這是在背誦嗎？我可不是手持戒尺的老師。」話音剛落，她銀鈴般的笑聲響了起來，如同水花輕輕地碰在了石頭上。

「走吧，別站在這空蕩蕩的教室裡了。」

梁思成這才反應過來，忙帶著林徽因離開了教室。室外的光線不錯，到處都是學生，兩個人很快就融入了這樣的畫面之中。

「當我穿越田野的時候，我看到了一朵美麗的花，我就把它摘了下來，並認為它是美麗的。而且，當我後來又看見很多美麗的花的時候，我依然堅持著對這朵花的信念不動搖，所以我把最美麗的花摘回來了。」「這就是幸福。」也不知道為什麼，當梁思成和林徽因走在一起時，他突然想起了柏拉圖和蘇格拉底的這段對話，並在心底靜靜地默誦了一遍。

如果把生活比喻為一件藝術品的話，那麼林徽因的出現，無疑給梁思成的生活添上了最為生動的一筆。

這又是一個快樂的下午，兩個人在那片圓明園的廢墟上，繼續愉快地討論起了建築與繪畫。這些凝固起來的藝術，在梁思成這裡似乎有著永遠都說不完的故事，而林徽因在仔細傾聽的同時，看向他的眼神裡，總是滿含著敬佩。

第二章　有情不必終老

萬水千山

真正有夢的人，心中一定藏有萬水千山。

而林徽因風餐水宿的目的，其實就是想歷經千辛萬苦，跨越萬水千山，最終一睹英倫的真容。

離開培華女中時，林徽因已經十四歲了。為了紀念這段讀書時光，也為了與童年進行告別，她專程去了一趟市中心的照相館，想為自己留下一個美好的回憶。那天，她一襲長裙在身，又粗又長的辮子從腦後斜斜地搭於右肩前，身後是一片樹木葳蕤的布景，似雲似霧地營造出飄渺的景緻。她站立在鏡頭前，隨著「咔嚓」一聲，燈光閃爍了幾下，林徽因的青春時代就這樣被定格在畫面中。一直以來，她對於照相都抱有濃厚的興趣，每一處有紀念意義的地方，她都會想方設法為自己留下難得的影像。有時候，她感覺照片中的那個人與自己很像，有時候又感覺貌若兩人。

或許真是江南的煙雨迷濛滋養了林徽因的情緒，她總是期盼著生活有點浪漫發生。在沒有認識梁思成之前，所有的美好都沉浸在單薄的照片中。見到了梁思成之後，雖然也有過幾次相約，卻感覺與故事中的一見鍾情相差甚遠。當然，這個時候的她不會過多地獨坐高樓嘆情深緣淺，也不會浪漫多情地背誦《詩經》中的句子。現在近十六歲的林徽因完全被父親所描繪的世界吸引了，她恨不得立即就行駛在浩渺的大海之上。想到這裡，她忍不住又把父親的信掏出來，悄無聲息地讀了起來。

> 我此次遠遊攜汝同行，第一要汝觀覽諸國事物增長見識。第二要汝近我身邊能領悟我的胸次懷抱……第三要汝暫時離去家庭煩瑣生活，俾得擴大眼光，養成將來改良社會的見解與能力。

林徽因心目中的父親不僅有著豐富的見識，而且風度翩翩。林長民少時跟隨翻譯界的泰斗人物林紓學習，自那時起他就開始嚮往外面的世界，以至於在後來的科舉考試中高中秀才，他也是棄之不顧，而是跟隨外籍教師刻苦學習外語，並積極前往日本的早稻田大學學習政治和經濟。林長民這樣的志向也在無形中影響了林徽因，尤其是其秉性和才情。

1920年4月，父女倆如期登上了開往法國的郵輪。

這一路上，林徽因總算是領略了大海的遼闊。煙霧繚繞中，林長民一個人靜靜地坐在椅子上，緊鎖眉頭，擔憂著國家的前途命運。海水不停地翻湧著，他的神情是這樣的嚴肅，卻也透著一種男人專注凝神的美，在遠處雲天的映照下，彷彿一尊雕像。父親這樣的形象突然間讓林徽因在心中生出願望，不能夠白來這世上一遭，糊裡糊塗地過這一生。而這種想法也合乎了其父親的意願，林長民正是希望透過帶著女兒出遊，令她增長見識、解放思想，感受當時最先進的教育和文化。讀萬卷書不如行萬里路。要想真正開闊視野，只有把自己融入到廣博的世界之中。

一個多月後，郵輪終於到達了處處充滿著浪漫氣息的法國。父女二人很快就安頓好了住處，然後迫不及待地開始了一場行遊歐洲大陸的旅程。

人在異域，總是容易忘記家中發生的不快。面對別樣的鮮活與新奇，林徽因甚至連與梁思成在一起時的開心也記不起來了，只感覺到自己的渺小，就如同一隻低著頭趕路的螞蟻。

法國很美，美得璀璨，美得多情，美得誘人。海明威（Hemingway）在其作品《流動的饗宴》（*A Moveable Feast*）中寫道：「如果你有幸在年輕時到過巴黎，那麼以後不管你到哪裡去，它都會跟著你一生一世，因為巴黎是一場流動的盛宴。」林徽因現在總算明白，一座城市的美不只是外在，更來自其無法言說的內涵，來過一次之後便會像夢一樣揮之不去。當然，她最喜歡的還是靜靜地觀瞻那些生動而又出神入化的建築。無論是細膩的藝術設計，還是粗獷的建造技術，都不失其雄偉和輝煌。當然，她還喜歡這裡流淌的塞納河。與黃浦江不同，塞納河多了一些浪漫，綢帶一樣穿過各種神聖的建築。那些天裡，林徽因流連在這些風景中，不願去找尋離開的路，這個叫做巴黎的城市，將藝術、歷史、時尚、文化與浪漫融於一體，叫人來了就不想走，走了又無法忘卻。

還沒有看夠艾菲爾鐵塔、凱旋門、羅浮宮、巴黎聖母院等地標建築，林徽因就要離開這個美好的國家了，她的思緒還在香榭麗舍大道上飄遊著，眼睛貪婪而又多情地看著這一切，似乎永遠看不夠、望不完，那顆激動而好奇的心早已在種種風俗人情中感到陶醉。

如果說巴黎是一座藝術之城，那麼當林徽因到了有著歐洲花園之稱的日內瓦時，則又感受到了另一種藝術文化氣息。不論是漫步在街巷還是徜徉在湖畔，人們都會不由自主地被那些精緻的建築和雕像所吸引。這依山傍水的城市，曾是伏爾泰（Voltaire）、拜倫（Byron）、盧梭（Rousseau）、雨果（Victor Hugo）等先哲們生活過的地方。尤其是那纏繞得滿山遍野的葡萄枝蔓，映襯著靈秀幽靜的中歐第一大湖——日內瓦湖，簡直是美不勝收。天上下著細密的小雨，眼前是飛瀑和茂密的林木，牛羊悠然自得地吃著草，遠處是各色的城堡。林徽因和父親有說有笑地走著，彷彿進入了美妙的童話之中。這樣的景色讓她想到了杭州的美。每逢雨季，淅淅瀝瀝的雨總是沒完沒了，她喜歡在雨中來回穿梭，直至長大後，都依然懷念著那時的開心。

這樣的旅行是自在的。除了欣賞風景，少不了的就是大快朵頤，盡情享受各地的美食。西班牙海鮮飯、油條蘸巧克力、甘藍肉末卷、小牛肉香腸、肉餡餅、乳酪、希臘粽等，這些舌尖上的歐洲美食既暖心又暖胃，實在是讓人非常留戀。更要命的是，這些食品遍布大街小巷，讓人如何也抵擋不住它們的誘惑。蕭伯納（George Bernard Shaw）曾說：「沒有比熱愛飲食更真誠的愛了。」這樣的文字讓人不得不為他的熱愛所感動，彷彿不懂得飲食文化，就無法真正體會到生活的幸福與美妙。

眼前這所有的見聞，對於林徽因來說都是陌生的。它們與書本中所介紹的有著太多的不同。那些霓虹燈下的建築除了讓人驚嘆之外，更讓人在心中產生了鮮明而強烈的對比。隔著大海，一端是思念中的殘破不堪，一端卻是現實中的欣欣向榮。或許是因為完全處於旅行的狀態之中，林徽因並沒有產生過多的聯想，感受到更多的還是浪漫自由的味道。

喜歡，原本並不需要特別的意義和理由，只是一種心態罷了。行走在陌生的環境中，林徽因的心中充滿了無限的憧憬和嚮往。

從巴黎到日內瓦，從羅馬到柏林，再從歐洲的傳統文化到教育方式，無論是自然景觀，還是與東方不同的生活方式，都讓林徽因不斷地感到新鮮，或許多年以後，她會忘卻行程中的許多體驗，心靈和思想上的體悟卻會一點點潛移默化地改變和影響她的觀念。她也了解旅行不只是單純地上車、上船，更重要的是要取得令人難以忘懷的特別收穫，這樣方能不辜負這一場跋涉，方能慰藉心中所有的遺憾。

在柏林時，她沒有想到會見到自己特別喜歡的蓮花。那是一幅油畫作品——莫內(Claude Monet)的〈睡蓮〉，靜心屏氣地去看這樣一幅詩情畫意的作品，的確讓人在熟悉中感到了興奮，甚至還帶有一種留戀。紙上的蓮花色彩柔和，似乎比杭州家中的靈動花色更多了些許灰色。但也正是這樣的深深淺淺、遠近不同的表現手法，讓畫面多了些想像，多了那種可以瞬間將美放大到極致的生動。林徽因站在畫前，四周很是安靜，她久久不願離去，腦海中浮現出的是這些天的遊覽經歷。父親站在一旁，不去打擾她，任她年幼的心在這樣的生機盎然中恣意馳騁。

從小到大，林長民從未疏於對女兒的教育。此次出遊已經讓他感覺到了女兒內心的衝撞，他知道這是中西方文化觀念的對峙與融合，也是她對西方生活的逐漸接受與融入，她的每一次驚詫，自然都無法逃脫他犀利而又深刻的眼神。在林長民眼中，女兒是一株剛剛出土的嫩芽，雖然她特別嚮往外界的風雨，但卻不知道能否承受起風雲變化的折磨。他很清楚在短時間內熟悉這樣的生活是根本不可能的，尤其是女兒看似溫和的性情中，其實有著太多的桀驁不馴，那種堅定和乾脆並不是任何人都可以改變或者駕馭的。

除了感受女兒的變化外，林長民也會將旅途中的見聞一一記錄下來。這些內容既是女兒成長的見證，又是他對於外界變化的敏銳捕捉。

羅山名蹟，登陸少駐，雨湖煙霧，向晚漸消；夕陽還山，嵐氣萬變。其色青、綠、紅、紫，深淺隱現，幻相無窮。積雪峰巔，於疊嶂間時露一二，晶瑩如玉。赤者又類瑪瑙紅也。羅山茶寮，雨後來客絕少，餘等Hotel at Chardraux時許……七時歸舟，改乘Simplon，亦一湖畔地名。晚行較迅。雲暗如山，靄綠於水，船窗玻璃染作深碧，天際尚有微明。

文字中變化的又豈止是奇妙的景色，其中自然也包含著林長民對於女兒細微變化的感受，只不過這些都被林長民以另一種方式表現了出來。旅途中的奇人和逸事，讓林徽因貪婪地認識這個全新的世界，甚至想在這樣的世界中長駐不走。正當同齡人在國內已經嫁為人婦時，徹底告別了少女時代的林徽因卻在放眼看著世界。

資本主義雖然壓榨著人民的血汗，但落後的國家要想崛起，就必須學習先進的知識和技術。所以這一路上，林長民將這些景點的知識填鴨式地一一告訴女兒，以期日後有用武之地。而林徽因的想法也很簡單，在這樣的旅途中，她完全不加任何遴選，無論是神祕的建築，還是唯美的藝術，或是可口的美食、悠然的風物，她都興致勃勃地當作一場視覺盛宴來對待。這樣的經歷，讓她在短暫的時間裡極大地開闊了視野。

旅行結束之後，林長民打算帶女兒在倫敦長住一段時間。1920年9月，經過一段充足的準備，林徽因以優異的成績考入了距離其當時住所不遠的愛丁堡聖瑪麗學院。位於阿門路的這所學院深深地吸引著她，令她帶著極大的熱情融入了豐富有趣的校園生活。為了讓女兒的業餘生活更加充實，林長民又給女兒請了鋼琴老師和英語老師，不斷地強化著林徽因思想上的認知和修養。安排好女兒的一切之後，這個擅長交際、心中又時常裝著夢想的人開始了自己的工作。

林長民的主要任務之一就是應酬，他需要經常與各式各樣的人探討如何振興國家的問題。而林徽因則總是懂事地待在一旁，嘗試著閱讀各式各樣的外文書籍，在這期間，她喜歡上了霍普金斯（Jerry Hopkins）、蕭伯納（George Bernard Shaw）、白朗寧（Robert Browning）等人的作品，閱讀過程中不斷地將這些書籍與中國傳統書籍進行比較。

生活就是這樣，在經過一段時間的熱鬧與喜悅之後，林徽因的心中又多多少少會有些低落，那分明就是一種思家的感覺。雖然說母親的責罵那麼不堪入耳，家庭關係又錯綜複雜，但思鄉的感覺著實讓人難受。就連古人也說：「獨在異鄉為異客，每逢佳節倍思親。」思念是一種美麗，當那一行行寫滿煎熬的寂寞油然生起時，連窗前的風也變成了紛擾。

夜是漫長的，卻不知道該為誰來守望，記憶深處的往事，反覆咀嚼後也都變成了美好的點綴。本來有話還可以跟父親述說，可是他老人家一天到晚根本就見不著人影，有時甚至幾天都不會回家。林徽因知道他工作很忙，可是難道真的只能讓這些思念在心中默默守候或者風乾嗎？她是真的想念家了，在海外的繁華生活終究抵不過一個人孤單的夜晚。對於林徽因來說，她不怕冷，卻無法忍受這樣的冷清，而這個時候，她只能試圖安慰自己，權當這樣的出行是一次人生的修行。

出於無聊，沒課的時候，林徽因就會看房東黛絲畫畫。常常一待就是一天，她從那些分明的線條中，學著去欣賞獨特的美感。

黛絲是一個特別安靜的人，這與林徽因的性格有些相似。

有一次，林徽因在父親的安排下，跟隨房東一家前往位於英格蘭南部的海濱小城——布萊頓度假。在藍色的布萊頓海濱，林徽因看著陽光下的海，燦爛得如同布萊頓的玫瑰園。

在岸上休息的時候，黛絲的妹妹史黛西用沙子堆了一座城堡，堆到一半，城堡塌了，她喊著姐姐：「來！工程師，幫幫忙。」黛絲不一會兒就堆成了一座結實的城堡。林徽因問：「她為什麼叫你工程師？」黛絲說：「因為我對建築感興趣，將來要做工程師。你身後那座王宮是中國風格的建築，明天我要去畫素描，你可以跟我一起去嗎？順便也講講中國的建築。」林徽因問：「你說的是蓋房子嗎？」黛絲說：「不，建築和蓋房子不完全是一回事。就像詩歌和繪畫一樣，建築是一門藝術，它有自己獨特的語言，這是大師們才能掌握的。」

這是林徽因平生第一次聽到這樣的解釋，當時她很震驚，也很心動，對建築的興趣也逐漸加深，這個心思敏感的女孩私下借了些與建築學有關的書來讀。慢慢地，她的世界裡有了更加奇妙的建築知識和歷史知識，也不知道自己怎麼就沉浸於這樣的知識中。

這樣的交流讓林徽因逐漸了解到，房東原來是一名優秀的工程師，而她畫在紙上的這些圖，最終都會變成立體的藝術。當房東問到林徽因的夢想時，她卻無言以對，她縱然有著諸多愛好，卻不知道自己內心深處的夢想到底是什麼。

時間從不停下腳步，生活就這樣不斷發生著變化。父親有時也會問起女兒，想了解她心中到底是怎樣的感受。她只是淡淡地答道：「來了，就不會後悔這樣的選擇。」

這個不經世事的女孩子和歐洲的繁華本無任何連繫，但偏偏她又克服了重重困難，跨越千山萬水來到這裡，從而讓所有的故事情節變得不可預測起來。

一段時間過後，林長民不再整天出去奔波，因為有很多的文人志士絡繹不絕地來到他的家裡。這其中既有外國友人，也有中國人，大家在一起討論政治，有時涉及人權、國家等話題，眾人常常會爭得面紅耳赤。而林徽因總會在這時主動為父親的朋友們端茶倒水，送些水果和可口的甜點，她從不主動插嘴，只是靜靜地站在一旁聽著這些陌生而有趣的事情。也只有這個時候，她的內心才會變得平和。久而久之，她也漸漸對於這樣的社交變得感興趣起來。這樣的平和更像是幸福的存在，她在學習為人處世與接人待物的過程中，思緒也與外界有了更多的接觸，並得到了新的延伸。

縱有三千煩惱，不如拈花一笑。對林徽因來說，這樣的生活是有意思的。那些激動人心的爭論，分明是人生的一種境界。她只需要一個微笑，在激動與恬靜中任心情飛揚。這也是一種氣質的修煉，是超然於平庸的平淡，是於無聲處聽驚雷的幽遠。

房東外出寫生時仍然會經常邀約她，只要她有時間就會欣然一同前往，長此以往，倒是認識了許多不同的建築，雖然說每次外出都會帶著書本，但實際上她的眼光和心卻早已放在了那些粗細不一的線條上，彷彿神奇的黑白線條會架構出不同的故事來。

人都是這樣的，對喜歡的人和事，總會在不知不覺中生出一些情愫來。林徽因從來不曾想到自己會對建築有著那樣深的感情，就像接下來要開始的戀情一樣轟轟烈烈。

剎那邂逅

有天下午，家裡出乎意料地安靜，林長民趴在桌前寫著什麼。外面突然傳來了敲聲門，林徽因很不情願地放下手中的建築書籍，起身去開門，門一開便看見了一位戴著眼鏡的學生。

「請問這是林長民先生的家嗎？」

她呆呆地點頭，其實心裡還在想著那本建築書中的內容，根本沒有認真聽對方說了什麼。

林長民聞聲走了出來。

「您是？」

「林先生好，我是徐志摩，梁啟超先生門下的弟子。」學生說罷，微微弓腰，真誠而又謙虛。

說到梁啟超，林長民才恍然發覺自己已經有段時間沒有和這位老朋友聯繫了。握手之後，便請徐志摩進屋落座。經過短暫的交流後，林長民沒想到眼前這個年輕人對於自己的往事竟如此熟悉，尤其是自己在日本留學的那段時光。

林長民在日本留學生中是公認的明星式人物，常常是「家本素封，交際所需，不匱於用」。如此熱心社會公益、樂於助人的豪爽做風深得大家的敬重和喜歡。看來徐志摩來之前是做足功課的，否則也不會讓林長民眼前為之一亮。透過談話，林長民已經對徐志摩生出許多好感。

說到曾經的留學之地日本，林長民已沒有太多的留戀，言談中甚至還流露出他對於日本的反感之情。為什麼這樣說呢？五四運動爆發的導火線之一，是林長民在《晨報》發表文章揭露了政府的賣國行徑。從個人立場來說，他始終反對巴黎和會上中國簽訂的不平等條約，結果卻遭到了大總統徐世昌的反覆訓斥，甚至連日本政府也對其恨之入骨，照北洋政府的說法：「這回北京市民的公憤，全是外交協會林長民等煽動起來的。」在隨後的事態發展中，林長民仍堅守初衷，堅持維護國權的民間立場。

但日方的外交言辭充滿了敵意，日本大使小幡酉吉竟然照會中國外交部，聲稱：

外交委員會委員、幹事長林長民君，五月二日《晨報》《國民公報》等特揭署名之警告文，內有「今果至此，則膠州亡矣！山東亡矣！國不國矣！……願合我四萬萬眾誓死圖之」等語，似有故意煽動之嫌。此事與五月四日北京大學生釀成縱火傷人暴動之事，本公使之深以為遺憾者。……爾來北京散布之傳單，多以「膠州亡矣！山東亡矣！」為題，傳播各省，煽動實行排斥日貨。

日本大使還要求中國政府禁止此類言論發表，並威脅說：「若果放置此等風潮，不特有釀成貴國內治意外之擾亂，怕有惹起兩國國際重大之事態。」

林長民後上書總統徐世昌，請求辭去外交委員會職務以免政府為難，但他警惕日方陰謀的態度並無改變，遂在發表的文章末尾專門列舉了日本報紙中有關日方對山東擁有權的言論，要求訓令駐日大使質問抗議。正當中日兩國外交陷入焦灼之際，林長民又公開發聲：

勢力侵凌，利權日失，空擁領土，所存幾何？山東亡矣，國不國矣，長民尚欲日討國民而告之也。若謂職任外交委員，便應結舌於外交失敗之下，此何說也？

林長民將自己的拳拳報國之心公示於天下。此後，他又以曾經留學日本的身分，公開在《中國公報》上發表了一篇長文〈敬告日本人〉。文中良言開導日本人民，並細緻陳述了中方的願望，提出處理國際關係應遵守的準則：

正義人道一涉本身利害問題，便設許多例外，吾不能不為正義人道哀。此當向世界各國今日所號稱強國者進一忠言，勿為偽善，尤望親愛之日本人毋自欺以欺人。

文中還說到中國人民對日本人民的感情：

吾今敢正告日本人曰：吾國人之對君等實有不可諱言之痛矣。除極少數之人外，不論階級高下、知識深淺、思想新舊，觀察縱有異同，飲恨幾於一致。經一度事變，便增一分怨毒，毋謂吾人愛國無永續性也。假令事變之生，繼續不已，君等怙過，迄無悛心，相激相蕩，終有不堪設想者。

從此，林長民與日本絕緣。歐洲之行便是他與日本斷絕關係的象徵。如今再說到日本，林長民雖有些不快，但他沒有將情緒表露出來，只是輕描淡寫地隨意聊了幾句。

幾天後，徐志摩再次來拜訪。只不過這次他是與在英國倫敦政治經濟學院留學的陳通伯（筆名西瀅）一起來的。因為有了上一次的接觸，這一次他們很快就聊得很融洽。從這次的聊天中，林長民知道了徐志摩是浙江海寧人。

「林先生家也在浙江？」

「是的，在杭州。」

「幸會幸會，我家在海寧硤石。」徐志摩說道。

「海寧可是個好地方，家父此前任過海寧知府，曾經還帶我去過幾次硤石遊玩。記得還有兩座叫『雙山』的山峰，從山上俯瞰時景色特別美。那地方還有種石頭，看著好大好沉，扔到水裡卻可以漂起來，但那裡的蘆葦扔到水裡卻會直接沉下去。」

聽林長民說得投入，徐志摩笑著回應：「時間過去了那麼久，難得您還能歷歷在目。」或許就因為那所謂的浮石和蘆葦，讓兩個人的距離不斷地拉近。他們一會兒深思不語，一會兒又捧腹大笑，言談中甚至還出現了家鄉話，倒是把陳通伯聽得一頭霧水。

林徽因在一旁看著父親和徐志摩侃侃而談，又看了看有些不知所云的陳通伯，心中不免覺得有趣。

自那以後，徐志摩就成了林家的常客。

所謂人生，遇見知己的同時也就遇見了一道風景。

倫敦的時光總是特別地慢，風很慢、雨很慢、月光也很慢，甚至連常常可以見到的海水也變得很慢。在這樣的慢時光中，林徽因喜歡一個人坐著發呆，看天看水看鏡中的自己。自從來到倫敦後，林長民的節奏也逐漸地慢下來。他愈發喜歡女兒的狀態，在與別人愉快的談話中，會不時地提及自己的女兒，偶爾還會喚聲「徽因過來」。

每當這時，林徽因便會循著聲音走過來，倒茶添水。特別是在倫敦，這裡的人都喜歡在下午就著陽光邊喝紅茶邊聊天，林長民也慢慢地習慣了這樣的生活。除了與朋友聊天外，還喜歡在興之所至時揮筆寫一些書法作品，身邊的朋友亦不免為這樣的落筆生輝而喝采。林長民在這方面從不謙虛，常常陶醉於其中，恣意地揮灑手中的筆墨。

這樣的生活暫時讓林長民忘記了心中的不快，也讓林徽因認識了更多的人。

有天下午，林長民禁不住陳通伯等人的央求，又鋪好紙張準備揮筆書寫時，徐志摩卻似乎因為想起什麼事情而離開了人群。沒有了人聲的嘈雜，徐志摩的腦袋才算靜了下來，他的心情有些煩亂，但又不知道自己到底要做些什麼才好，便趴在窗前看著窗外，過了許久之後，心情才算好了些。當他轉身要回到客廳時，險些把從身後端水走過的林徽因撞倒。

「不好意思。」徐志摩還沒看清對方是誰，已先開口道歉。

「沒事，徐先生。」林徽因答到。

「你是？你怎麼知道我的？」本來覺著自己如同一葉浮萍的徐志摩心生好奇，不由多說了幾句，他抬起頭，還不待她開口說話，又連忙說，「你是林先生的女兒吧？」

「嗯。」最近一段時間功課不多，林徽因一有空就跑回來幫父親做些事情，沒想到這個戴著玳瑁眼鏡的年輕人竟然如此冒失，險些將自己撞倒，原本有些不快，但聽他立刻道了歉，便含笑點頭，然後朝著客廳走去。

望著林徽因走遠的身影，徐志摩眼中竟然生出了萬種風情。她今日梳著兩條小辮子，走路時一翹一翹，讓人感覺分明就是一朵生在水中的蓮花，只能遠觀而不能褻玩。他突然擊了一下雙掌，才發現所有的煩亂已不知道何時逃遁遠去。

徐志摩又看了一眼那遠去的背影，臉上露出了笑容。他本來想好要去客廳的，現在卻若有所思地留了下來。如他所料，不一會兒，林徽因又從客廳那邊走了過來。

「林小姐好。」徐志摩主動上前招呼。

「徐先生還在這裡思考問題啊？」林徽因停住腳步，顯得不驚不慌，清麗而自信。

「思考什麼問題？主要是裡面人多，菸味讓人頭昏，出來透透氣。」徐志摩頭腦異常活躍，想也不想就把話說了出來。

「我父親就是菸鬼，平日裡怎麼說都沒用。對了，你可別告訴他我說他壞話啊。」流水一樣的聲音注入他的心底，這是徐志摩不曾想到的，從林徽因身上似乎找不到其他女孩的那種矜持，更多的反而是溫潤如玉的沉穩和幽默。

「要是你陪我聊天，我保準不告訴林先生。」他也不知道自己為何會突然提出這樣的要求。

「林先生好有趣呢，小女子此時不是正在陪您聊天嗎？對了，我叫林徽因，很高興認識先生。」說著伸出手來，完全是接受過西式教育的做派，這倒是讓徐志摩有些不知所措。其實，林徽因也沒有想到自己會有這樣的舉動，也許是因為近段時間聽到了這位詩人的各種話題，心中不免有些衝動。更奇妙的是，彼此一開口就有一種很熟悉的感覺。

有緣千里來相會，無緣對面不相識。每個人都在人海茫茫中尋找著需要了解的人，然後兩個人從陌生到熟悉。出於對彼此的興趣，徐志摩和林徽因正在慢慢地靠近對方，不知道這算不算是一種難得的緣分。

在與林徽因交談的過程中，徐志摩已經全然忘記了外面的一切。他只覺得這樣的相遇就是命運的安排，而眼前這個才十六歲的女孩，完全擾亂了他所有的計畫和安排。現在，他需要重新整理情緒，好好地了解一下這個不諳世事，卻頗有見地的林徽因了。雖然自己比她大了將近八歲，可眼前這個人已經完全顛覆了他的認知，無論是她對文學作品的見解和悟性，還是她身上所顯現出來的優雅姿態，都彷彿是歲月對她的額外餽贈，以至於在這平淡的生活中有了不同的瑰麗。

林徽因的心中也是快樂的，在異國他鄉終於有個能說話的人了。

柔情似水

1918年夏天，徐志摩從上海啟程赴美國學習銀行學。第一年是在伍斯特的克拉克大學，後來又進了歷史系，選讀社會學、經濟學、歷史學等課程，以期自己將來做一個中國的「漢密爾頓」。獲得學士學位後，他並不以此為滿足，隨即轉入紐約哥倫比亞大學的研究院學習經濟。他也因此獲得了廣泛的哲學思想和政治學知識。

徐志摩的父親徐申如在海寧硤石當地擁有裕通錢莊、硤石電燈公司、捷利電話公司、雙山絲廠等產業，胡適曾評：「申如先生為硤石最有勢力之人，有『硤石皇帝』之稱。」有這樣的經濟條件，在親身感受了軍閥混戰之後，徐志摩決定到國外留學，尋求改變中國現狀的「藥方」，以實行他「理想中的革命」。

纏綿如織的春雨，紛紛揚揚地淋溼了歲月，浸在其中的萬物瘋狂地生長著。各樣的樹葉先後綠了起來，連鳥兒的歌聲也似乎飽含著春天的氣息，那些不經事的孩子，更是在春的懷抱裡開心地玩樂。

這是1921年，春天以其明快和唯美帶給人們享受。

其實，這樣的心情也特別適合十六歲的林徽因。雖然她還會時不時想起郵輪上的生活，也會回憶歐洲數國的旅行，尤其是白日裡觀水看景，夜間在波濤搖擺中睡去的感覺似乎特別愜意。但結束了漫長的旅途後，她又以另一種心情投入學業和生活中。這個時候她也會想，大海的這一端究竟有著何樣的迷人，竟然會吸引著成百上千的中國青年遠渡重洋留學深造。

此前，她一直在北京培華女中讀書，見慣了長髮長袍、書生意氣的青年，現在隨著父親來到這方異域接觸新知識，心中的緊張是遠遠大於舒暢的，這緊張讓她不知該如何來面對這些金髮碧眼的「鬼子」才好。

與林徽因的留學不同，徐志摩的出國則帶了更多的個人感情色彩。他在北京大學讀書期間，就有著與眾不同的性格。因為喜歡西方哲學家羅素 (Bertrand Russell)，對其優美的文筆與縝密的思維有著近乎狂熱的痴迷，他由此對哲學也產生了濃厚的興趣，以至於後來對於日常生活中的嬉笑怒罵，也要研究一二。

到了 1920 年時，徐志摩已在美國待了兩年，美國資產階級對物質利慾的追求和貪婪已經讓他感到厭倦，加之內心早已受到英國哲學家羅素的吸引，於是他擺脫了哥倫比亞大學博士頭銜的誘惑，自己做主橫渡大西洋，來到英國。用徐志摩自己的話講就是「想跟這位20世紀的伏爾泰認真念一點書去」。

羅素是英國的哲學家、數學家、邏輯學家和那個時代的先知，一直致力於哲學的大眾化普及。他認為：「人的一生就應該像一條河，開始是涓涓細流，被狹窄的河岸所束縛，然後，它激烈地奔過巨石，衝越瀑布。漸漸地，河流變寬了，兩邊的堤岸也遠去，河水流動得更加平靜。最後，它自然地融入了大海，並毫無痛苦地消失了自我。」

的確如此，至少在徐志摩看來人生就是如此。內心強烈的喜歡，讓他不斷地滋生著面對生活的勇氣，也將自己詩人的氣質彰顯得更為全面、充滿個性。

倫敦是個低調而又充滿文藝味道的城市。

當林徽因一腳踏進這個陌生的世界時，所有未知的新奇都撲面而來。目光所及像是一幅碩大無比的油畫，把這裡的風土人情一一展現出來。林徽因一下子就喜歡上了這座古老的城市，瞬時被「霧都」的氛圍深深吸引。

倫敦的春天也很美，歲月在不斷地滌去塵埃，眼前是花紅柳綠的風景。一切都在春風中悄然醞釀著，包括那為人津津樂道的愛情。

初到倫敦，一切都讓徐志摩覺得自己走對了路，終於可以按照自己的想法好好學習了。卻不曾想羅素因為參與反戰活動而被校方開除，致使徐志摩沒有實現跟隨羅素學習的夙願。他帶著無比失落的心情，在倫敦政治經濟學院無聊地待了一段時間。不久，他結識了林長民，並經林長民介紹，認識了英國作家狄更斯（Dickinson），後又在狄更斯的幫助下以特別生的資格來到康橋大學（今譯為劍橋大學）皇家學院求學。

1921年10月，正在康橋大學讀書的徐志摩受國際聯盟協會邀請，出任一次演講比賽活動的主席。「中國國際聯盟同盟會」駐歐代表林長民也受邀出席，當時他身著燕尾長服，神情自若地坐在會場中等待發言。當他環顧四周時，無意中看到了正在主持會議的徐志摩。徐志摩一派氣宇軒昂，非常有禮貌地對他點頭示意。

林長民隨後慷慨激昂地進行演講，「搖曳多姿的吐屬，蓓蕾似的滿綴著警句與諧趣」。徐志摩一下子就被打動了。或許是因為同鄉，又或許是緣分。這次的相遇讓兩個遠渡重洋的中國人成了無話不說的朋友。兩人交談甚歡，那種親熱的感覺，倒讓站在一旁的陳通伯和章士釗十分費解。

隨著林長民與徐志摩關係的加深，他愈發看好這位小同鄉，也時不時地請他去家裡做客。徐志摩和林徽因就這樣認識了，彼此在年齡上相差七歲零四個月，論輩分她應該叫他叔叔。

緣分像是一味藥，不斷地促使著紅男綠女們在生命中遇見，因了人與人之間無法說清楚的緣分，於是這多情而又多彩的世界便變得奇妙起來。

正是出於這樣的機緣巧合，一身文藝氣息的徐志摩自從偶然結識了才情飄逸的林徽因後，便感覺自己陷入了情感的沼澤，從而也讓他對於這樣的相識有著深刻的記憶。乍一見她，雖然其外表被稚嫩和含蓄包裹著，但內在卻似一朵暗香盈袖的出水芙蓉，二十四歲的徐志摩忍不住有些心動了，他從林徽因身上分明看到了一種超乎尋常人的非凡氣質——「既具有大家閨秀那種幽嫻貞靜的傳統風韻，又有著現代女性的那種活潑、大方的氣質，言談舉止之間，透著一股濃濃的書卷氣。」能夠在異國他鄉見到這樣讓人心動的女子，本來多情的心就像潮水一樣開始翻湧。

任性支撐著徐志摩的所作所為，也讓他變得不快樂起來。

徐志摩內心的野馬，也不知道怎麼就開始衝撞，在心靈的原野上四處狂奔著。他被林徽因不食人間煙火的飄逸之美驚擾得茶飯不思。在暗暗傾慕佳人許久之後，徐志摩開始發瘋似的往林家跑，林家的門檻也被他踩踏得油亮油亮。

在青春最美的年華，與心儀的人邂逅在暮春之野，然後攜手共赴一段紅塵的浪漫，曾是無數少男少女夢寐以求的願望。在徐志摩浪漫的春風吹拂下，林徽因這朵清麗的出水蓮花，終於微微地綻放了，她漂浮在青春的水面，搖曳著醉人的容顏。而他則成了那些日子裡，被詩意浸染的晨露，在她清圓的翠蓋上盈盈流轉。

異國他鄉的那些日子，兩個情竇初開的人走在了一起，他們漫步在倫敦的迷濛之中。徐志摩起先還不敢表露心意，只是以大哥哥的身分關心她、照顧她，滿足她渴望有人陪的願望。但他這些不經意的舉動，林徽因卻一一察覺到了。可以說，徐志摩恰到好處地出現，觸動了她少女的心弦，為她留下了一生之中最為美好的記憶和詩篇。自此，那段雨霧氤氳的英倫時光，處處都是詩意和浪漫。

林長民為政府的事，需要四處聯繫和演說，他永遠都是那麼忙碌。而陪伴、照看林徽因，便成了鄰家大哥哥徐志摩最開心的事。他很感激上天如此眷顧自己，讓他有機會和喜歡的女孩在一起，為她講故鄉的逸事，描述雨後的彩虹和用胭脂染製的詩箋。來來往往的碰撞中，兩顆孤寂的靈魂慢慢靠得越發近了。兩人原本就有著許多共同的話題，再加上又是同鄉，更有了他鄉遇故知的欣喜。

於是，林徽因內心的孤單和寂寞漸漸消失了。兩人一起在河邊回憶家鄉的故事，一起在校園討論歐洲的文藝和哲學，一起打鬧嬉戲。一邊是徐志摩的娓娓傾訴，宛如一股甘醇的清泉，汩汩地流進了林徽因乾渴的心田；一邊是林徽因的默默仰望，被徐志摩滔滔不絕的演說和詼諧的語調所吸引。她所有的感情體驗，慌亂、眩暈、喜悅、羞澀，都被他不時地帶動著。好友費慰梅曾這樣評說林徽因：「她是被徐志摩的性格、他的追求和他對她的熱烈感情所迷住了……對他開啟她的眼界和喚起她新的嚮往充滿感激。」儘管當時，她還分不清自己對徐志摩的感情裡，到底有多少是純粹的友誼，又有多少是異性之間的傾慕和愛戀，但她確是實實在在地被他吸引住了。他一個溫暖的眼神、一句浪漫的話語，都能讓她的心蕩起無數的漣漪。

始終有著浪漫主義激情的徐志摩，被林徽因的與眾不同折服，她的理解和悟性，讓人感到思維活躍、見識廣闊，一顰一笑中除了隱藏著聰慧和敏銳以外，竟然還有著追求獨立和堅持己見的內在個性。在她這個年齡，無疑是難得的，也完全出乎了他的意料。「可愛的梨渦，解釋了處女的夢境的歡喜，像一顆露珠，顫動的，在荷盤中閃爍著晨曦！」

徐志摩想戀愛了。

他有千萬個理由來喜歡她，可是卻有一個理由不能再愛她，那就是他已經有了自己的妻子，甚至還有了一個孩子。

但他置各種輿論於不顧，我行我素地開始戀愛了。

愛她說話時如水的眼眸，愛她清麗如蓮的笑靨，愛她走路時的搖擺身姿，愛她回眸時的淡淡風采，林徽因所有的一切是那麼地吸引他，讓他困惑得不知該如何是好，也沒有心思研習學業。在徐志摩的夢中，林徽因帶著那唯美的詩意占據了全部時空，成了他心中的女神。他在短詩〈你去〉中，忍不住內心的激動，欣喜地稱她是「永遠照徹我的心底」的「那顆不夜的明珠」。

春水迢迢，山河滔滔，他對她的情感，變得一發不可收拾。那段日子，他感到生命似乎受到「偉大力量的震撼」，生活被「照著了一種奇異的月色」。他總是隔三岔五地去看望林徽因，而且每次都給她帶來新鮮而有趣的話題。

彼此心心相印，培養起來的是誰也不說出口的關係。那段時間，林長民經常因公事無法回家，徐志摩便有了機會逃課帶林徽因出去遊玩。他們乘公車從市區出發，穿過覆蓋著栗樹濃蔭的沙士頓小鎮，穿過有著灰色牆皮的農舍，沿著滿是豔紅的罌粟和成群結隊牯牛的小路，去領略英格蘭的田園風景。倫敦的街市、郊外的田野、康橋的校園，都留下了他們快樂的身影。

那是一段最開心的日子，如夢如詩。他們一起手挽著手，沿著蜿蜒的小河一路向前，在樹蔭下吃茶；他們倚著康橋的石欄，看一回寧靜的橋影，數一數螺鈿的波紋，然後織一段彩虹似的夢；也曾撐一竿竹篙，只輕輕地，不經心地往波心裡一點，便將小船撐向他們那一潭青翠的夢中。他們以為兩人的夢，從此就可以長駐在康橋，沒有世俗紛擾，亦無離別相染。

康橋是一座神奇的橋，曾讓每一個接近它的人，心都變得清澈而柔軟，林徽因和徐志摩亦不例外。在此時和此後漫長的歲月裡，他們創作了一首又一首多情而浪漫的詩篇。多年以後，徐志摩仍滿懷深情地說：「我的眼是康橋教我睜的，我的求知慾是康橋給我撥動的，我的自我意識是康橋給我胚胎的。」但康橋留給世人最深的印象，依然是他們這場傾城的絕戀。若沒有徐志摩與林徽因的這場浪漫，康河（今譯為劍河）不過是康橋大學校園內一條普通的河流而已。兩個被愛情點燃的人，互為彼此的夢，亦互為彼此的詩，他們靈感乍現，盡情地抒寫著生命的詩意與春天。

倫敦街頭的燈光向晚，康橋校園的夜色溫和，他們那份相攜的浪漫，如夜色一般在異域的天空裡流轉，但轉瞬之間又化作了指間的流沙，挽不住年華，只留下一夕的溫暖。

一些往事，注定會淡忘；一些遇見，注定會牽掛。人生長路上的聚散，永遠都是生命中最有故事的風景。

瀟灑轉身

說不完的是話題，聯繫起來的卻是情感。

也正是在這樣的情緒下，林徽因與徐志摩從拜倫、哈代（Godfrey Harold Hardy）說到了雪萊（Percy Bysshe Shelley）、華茲華斯（William Wordsworth）……最妙的是，無論什麼樣的話題，對方都可以接得上，而且還富有藝術情趣。出於對文學藝術的深情熱愛，彼此都對對方著迷不已。

在林徽因的眼中，這位言語別緻的詩人，眼眸中始終有著一股靈氣，那是一汪看不透的水，可以在緩然的流淌中叫人迷了心智。

而在才子詩人徐志摩眼裡，林徽因似一朵出水的白蓮，不僅僅讓人心跳，更有著一種無法抵擋的芬芳，那氣息剛開始時還是若即若離，後來就成了甜蜜的環繞。放眼過去，碧波的蕩漾中，那蓮花正含苞待放，在風中閃爍著淡淡的憂鬱。和她的交流並無一絲的沉悶，反而更多的是靈感刺激下的挑戰。他們分明就是大地和水，就是河流和岸邊的楊柳，就是天空和白雲。他只覺得林徽因是一塊急待雕琢的璞玉，只有透過思想的試探與碰撞，才能感受到她的不凡。

一個是含蓄的詩，一個是深不見底的水，兩個本沒有任何交集的人，開始用心感受著這個美好的世界。有時候，兩個人也會為某個問題爭得面紅耳赤，但事後都會用不同的方式安慰對方，這樣的安慰如同酒，很快就讓徐志摩在「顛倒至極」中醉倒了。

「你不會就是我的靈魂吧？」有天，他傻傻地問林徽因。

林徽因只是笑笑，卻不知道該如何作答才好。她的笑像三月天的花朵，帶著誘人的味道；又像是吹拂而過的風，帶著一種看不見卻又可以感受到的溫情。這笑讓他變得迷惑不解，卻更加瘋狂地喜歡起這樣的接觸。

當年，徐志摩沒有達成跟隨羅素學習的願望，結果在倫敦政治經濟學院混了半年。面對著水波清漾的康橋，他那顆孤獨憂鬱的心不知道該如何安放；望著眼前一片片無情飄落的樹葉，只感覺自己的時運是如此不濟。後來，徐志摩在狄更斯的幫助和推薦下最終進入了康橋大學。現在，他又帶著林徽因來到了康橋之上。水還是那水，風還是那風，只是因為身旁多了一個人，心情也變得大為不同起來。能和這樣的才女在一起談古論今，又何來的黯然神傷呢？

天色已經很暗了，校園中非常安靜。

遠處飄搖著幾點閃閃爍爍的燈光。

徐志摩很想把自己打算離婚的事情告訴林徽因，可是話到了嘴邊卻又嚥了下去。他順手把一件衣服輕輕地披在她的肩上，這個不經意的動作，卻讓他真切地感受到了對方身上的溫熱。那一瞬間的暖意是美妙的，甚至讓他在心中萌生出一首詩來。

這個細微的動作也足以讓林徽因感動，她對兒女情長的事情已經知曉許多。若不是當初對徐志摩有著「詩意的信仰」，又怎麼會一次次地陪著他聊天說笑呢？趁著這個機會，她把身體朝著徐志摩傾斜了一些，或許是無意，或許是試探，又或許是真心，就那麼輕輕地依靠在他堅實有力的身體上。一方面，她知道自己不會輕率地接受這份感情；另一方面，她又無法控制自己的心。

對於每一個心懷愛戀的人來說，又有誰能抵擋這樣的誘惑呢？懷抱著心上人，徐志摩才總算踏實了一些，這樣的感覺是真實的，只有緊緊地握著，時光才不會從指縫中悄無聲息地溜走。

「有時候想，這短短的一生。我們最終都會失去，你不妨大膽一些，愛一個人，攀一座山，追一個夢。我還是給你寫一首詩吧？」

「嗯。」她嬌羞地應道。

草上的露珠兒
顆顆是透明的水晶球，
新歸來的燕兒
在舊巢裡呢喃個不休；

詩人喲！可不是春至人間，
還不開放
你創造的噴泉，
嗤嗤！吐不盡南山北山的璠瑜，
灑不完東海西海的瓊珠，
融和琴瑟簫笙的音韻，
飲餐星辰日月的光明！

聽到這樣唯美的詩，林徽因的心神不禁蕩漾起來，像是被春風拂過一樣，她深情地望著那玳瑁眼鏡後面的神情。徐志摩更有精神了，把倚靠在懷中的林徽因又抱緊了一些，然後又吟誦道：

詩人喲！可不是春在人間，
還不開放你
創造的噴泉！
這一聲霹靂震破了漫天的雲霧，
顯煥的旭日

又升臨在黃金的寶座；
柔軟的南風
吹皺了大海慷慨的面容；
潔白的海鷗
上穿雲下沒波自在優遊。
詩人喲！可不是趁航的時候，
還不準備你
歌吟的漁舟！

林徽因完全將自己的情緒置於詩的氛圍之中。兩個多情的人完全沉醉其中，將情緒的火熊熊燃燒，也不知道是因為康橋給予了這樣的激情，還是因為兩個人的出現，使得這樣的情緒變得詩意起來。遠處的鐘聲響了起來，又一個美好的日子結束了。

送走了林徽因，徐志摩發現自己已經愛上了這個女孩，而且這愛來得太快，他只感覺自己在不斷地陷入其中，且沒有任何抵抗的能力。

林長民忙著自己的事情，最近一直不在家，林徽因只能一個人孤孤單單。當她回到家裡躺在床上時，內心卻還沒有從剛才的喜悅中掙脫出來，那一幕幕的場景真實地在眼前浮現著，讓她一次又一次陶醉在溫暖的懷抱和浪漫的詩意中。在這樣的夜晚，她忐忑不安地想著那個儒雅的詩人，想自己是不是開始戀愛了，這愛為何來得如此突然。她知道對方已為人夫、已為人父，但情緒的洶湧卻容不得她去抵抗。

兩個人都在內心深處掙扎著。

到了約會的時間，彼此又禁不住不約而同地心動起來。到了後來，兩個人也顧不得那麼多了，只盡情地找各種機會見面，珍惜著當下的時光。

「你簡直就是我的女神，你為什麼來得這麼晚？原本父親讓我出國留學，是想讓我將來進入金融界工作。可是徽因，每每和你在一起時，我的腦海中全是詩句，我決定要為你做個詩人，一生一世都為你寫詩。」徐志摩的感情是直接的，他的話中藏著約定，一生一世的約定。

「你的每一首詩都很美，美得像這康橋的柔波。」林徽因並不直接回答他的問題，而是含蓄地表達著自己的感覺。

有時候，林徽因說到動情處也會流下淚水來，那淡淡的淚水讓多情的徐志摩慌張得不知如何是好。他實在不明白剛才還喜笑顏開的她，為什麼突然就淚水漣漣，要他想盡所有辦法來逗她笑。如果說她的笑是雨後的太陽，那她的哭則是夜晚的月光，雖然會有雲霧遮掩，但很快就會變得真摯、熱烈起來。一個人的時候，徐志摩甚至開始懷疑這樣的生活是不是真實的，讓他為了一個喜歡的人放棄所有。他只覺得自己無法自拔，彷彿要從懸崖上掉下去，卻沒有任何人來幫助他。正如他在詩裡寫的：「在半空裡娟娟的飛舞，認明瞭那清幽的住處，等著她來花園裡探望，飛揚，飛揚，飛揚，啊！她身上有硃砂梅的清香。」

但是，對於徐志摩來說，一面是康橋的美好，另一面卻是家庭的煩瑣。

林徽因無疑是有才情的女子，而徐志摩對於才情又是如此看重。他當年用才情換來了婚姻。因為一張國文考卷，徐志摩被當時名流張嘉璈一眼相中，大喜之下竟然找到徐志摩的父親提親，想將自己的妹妹張幼儀嫁予徐志摩。面對這突然而至的喜訊，徐申如這個老江湖也有些不知所措。在朋友的建議下，考慮到彼此門當戶對，又是郎才女貌，徐申如最後應下了這門親事。於是，十八歲的徐志摩在父親的操辦下，很快就結婚了。

婚後不久，二人就有了孩子。長子出生後，徐志摩前往美國留學。兩年後，徐志摩將張幼儀接到身邊，但此時的他已深陷於對林徽因的痴迷中而無法自拔。

在徐志摩看來，人生也不過就是這樣，喜歡自己喜歡的，何必在乎那些煩瑣的倫理道德呢？他也是個敢想敢做的人，不待想周全就已經著手辦理離婚事宜。

「幼儀，我們離婚吧。」一頓愉快的晚飯後，他突然將思索了許多天的話說出了口，那一刻有著難堪，但更多的卻是輕鬆。他知道，只要眼前這個女人點頭同意，他就會有另一種幸福的生活。即便是她不同意離婚，自己也已經鐵了心要去追求新的生活。

「什麼？離婚？」張幼儀沒有表現出他想像中的緊張，只是緊緊地抱著兒子阿歡，用眼睛死死地盯著他看。她不知道自己的丈夫怎麼會突然冒出這樣一句話來。

「我有喜歡的人了，你和我在一起並不快樂，我們離婚吧。」

接下來是長久的沉默。

康橋已經成為徐志摩和林徽因約會的主要地點。在那裡，一泓碧波、一株綠絲，都有特別的意義，甚至是只要來到這個地方，心中就會滋生出欣喜來。

「真想長此以往地待在這裡，你呢？」

林徽因只是笑而不語，那淺淺的酒窩像是一圈圈蕩漾開的漣漪，彷彿要把人捲入其中。她伸手輕輕地摘下一片樹葉，放在鼻前聞了聞，然後又在指間繞著玩。徐志摩呆住了，眼前的景象完全把他征服了。

「有好多次來這裡，你知道嗎，我都好羨慕當地的女孩，她們是那麼熟練地撐著船，從一座座拱形的橋洞中四處穿越，你別笑話我，我也試過好幾次，結果都險些掉到水裡去。好丟人的。可生活不就是需要人們去挑戰嗎？有時候，愛情也是這樣吧？」林徽因說。

「我也不清楚，不過人的性格終究會決定自己的命運和追求。就比如說我，喜歡一個人就特別用心。」說罷，徐志摩順手將林徽因拉入懷中。瞬間，他們就感覺到了溫度在升高，連呼吸也變得急促起來。

「徽因，因為有你，這康橋變得更美了。有時候，我看你流淚都覺得那是康橋的水波，每捧起一掬來就會有你說不出來的美好。你給予我的感受實在太好了，我都快崩潰了，我知道你會理解我的。如果有一天，我獲得了你的愛，那我飄零的生命就有了歸宿，只有愛才能讓我匆匆行進的腳步停下，就讓我在你的身邊停留一小會吧，你知道憂傷正像鋸子鋸著我的靈魂。」說到這裡，他竟然不由自主地吻了一下她的額頭。那飄渺的眼神不再四處飄散，更多的是內心的激動，旋而又成了安穩。

「詩人喲！可不是趁航的時候，還不準備你，歌吟的漁舟。」林徽因也不知道該說些什麼，只好用此前的詩來掩飾自己的慌張。

「為了你，我決定離婚。我不能沒有你。為了你，我想我以後要做詩人了。」說到動情處，徐志摩一口氣把所有情況都說了出來。

林徽因猛地把他推了開來，卻是一句話也沒有說。

這些日子以來，是他用浪漫消除了自己生命中的所有乏味，讓自己的內心不再焦躁，從而在歲月中找到了屬於自己的優雅。林徽因一直將自己視為康橋上的綠柳，始終保持著淡定從容，也嚮往著與喜歡的人一起談情說愛、談天說地。很多時候，她也視徐志摩為心中的白馬王子，慶幸自己在最美的年紀邂逅了最美的時光，可是現在他說自己要「離婚」，這個詞如同一把錘子重重地敲了過來，所有美和愉悅都四散開來，對面那個浪漫的靈魂也全然不在了。

火熱的戀情既讓人激動，也讓人困惑。可她知道，也許這段銷魂蝕骨的愛要結束了。

接連幾天，林徽因都刻意不與徐志摩聯繫，但越是這樣，這個男人越是像無頭的蒼蠅，他不明白為何這段幸福的日子，會突然變成眼下這般光景。

喜歡自然是用心喜歡，但林徽因怕的是詩人的危險。

為了自己，他情願離婚，這對於一個女人來說無疑是幸福的，但對於真正的愛情來說，卻又是如此輕率。

火熱的感情到此戛然而止，康橋上再也見不到那對卿卿我我的身影，也無法聽到詩人的激情吟詠。以至於好多年後，徐志摩在〈偶然〉一詩中寫道：「你我相逢在黑夜的海上，你有你的，我有我的，方向；你記得也好，最好你忘掉，在這交會時互放的光亮！」這位詩人甚至還沒有來得及享受愛情的幸福，就遭遇了這樣的拒絕。

我之甘冒世之不韙，竭全力以鬥者，非特求免凶慘之苦痛，實求良心之安頓，求人格之確立，求靈魂之救度耳。人誰不求庸德？人誰不安現成？人誰不怕艱險？然且有突圍而出者，夫豈得已而然哉？我將於茫茫人海中訪我唯一靈魂之伴侶。得之，我幸；不得，我命。如此而已。

當這位「長袍白面、郊寒島瘦」的詩人懷著憂傷的情緒寫下這封信時，不知道身為師長的梁啟超又該如何看待他這位才華出眾的學生。其實徐志摩也不全是順應著自己內心在做事情，也並非只顧及自己的私心而不在乎對方的痛苦。只是世事難料，尤其是他一顆赤誠的心在這唯美而又不切實際的愛情裡遭到了拒絕。現在回過頭來想想，真愛到底又是什麼？隨心而起的是激情，只是「康橋如故，雲如故，唯愛已非故」。

對於徐志摩來說，他付出了真情，付出了精力，卻沒有博得心上人的愛，他的愛一下子就低微到了塵埃裡。而林徽因的想法是不同的，她無法說服自己，即使她對徐志摩有好感，即使他情願為此放棄自己並不完美的婚姻，即使自己是一個出海留洋的新女性，但骨子裡潛藏的依然是不可動搖的傳統觀念。

可能也是基於這樣的初衷，她才在喜歡的人面前痛下決心，毅然將已經洶湧的愛抑制住。回國那天，林徽因一個人在床前坐了許久，看著外面的繁花似錦寫下了〈情願〉。

我情願化成一片落葉，
讓風吹雨打到處飄零；
或流雲一朵，在澄藍天，
和大地再沒有些牽連。
但抱緊那傷心的標誌，

去觸遇沒著落的悵惘；
在黃昏，夜半，躡著腳走，
全是空虛，再莫有溫柔；
忘掉曾有這世界；有你；
哀悼誰又曾有過愛戀；
落花似的落盡，忘了去
這些個淚點裡的情緒。
到那天一切都不存留，
比一閃光，一息風更少
痕跡，你也要忘掉了我
曾經在這世界裡活過。

這樣的堅決是林徽因自己沒有想到的，就和之前突如其來的愛情一樣。很多時候，她都不知道該如何去把控自己的心，就像是一片飄浮的葉子，任由著風吹雨打。面對徐志摩的愛，她何嘗不願意去接受呢？只是這愛不是緩緩流淌的溪流，而是凶禽猛獸，一下子就嚇壞了心懷新奇的林徽因，這個十六歲的少女，哪裡又曾見過這樣「恐怖」的世面？而張幼儀的遭遇又讓她不斷自責。

她突然變得無法開心，因為她從來沒有想過眼前這個男人會捨棄自己的妻子。今天是張幼儀，明天可能就會是人老珠黃的自己了。這樣的感情到底算什麼呢？火焰一樣燃燒著的激情，真摯而又熱烈，以詩人的氣質在奔放著。本來是欣賞中帶著甜蜜的愛意，現在卻成了一種無法擺脫的負擔。難道男女在一起的感覺只能是這樣，燃燒自己，再燃燒別人？

十分困惑的林徽因根本無法從中理出頭緒來，這也讓他們在最為親密的接觸之後生出隔閡。愛情對她來說，是美好的嚮往，也是苦苦的追求。可是經歷了現在這一切的浮華之後，她想到的是自己的母親，那位成天憂鬱的可憐女人。本以為會過上幸福的生活，結果卻成了大家眼中的累贅。只有她能理解母親，知道母親難得的笑容背後，是如何的心酸與不如人意。

或許正是自己內心的理智起了作用，又或許是自己膽怯於這樣的感情，總之，這樣的愛情雖然讓人陶醉，但也讓人害怕，她心裡想要的只是安穩。

第三章 尋找對的人

就是成長

真正要別離時，才知道內心是痛苦的，然而這種痛苦卻又無人可傾訴，就像那個曾經快讓自己燃燒的詩人，此時只能在文字中懷念。在沙灘上感受著海風的吹拂，林徽因突然有些徬徨，她的心情就像這潮起潮落的海浪，不時地湧過來，又很快地退去。她呆呆地站在那裡，看著細小的沙礫一次次地被沖刷著，那些小得不起眼的螃蟹，匆匆地從沙中爬了出來，還不及轉身就讓浪花捲去。

大海彷彿知曉她的心事，淡然而又充滿想像，卻沒有任何的掙扎和惦念。

此時，徐志摩正為這段感情苦惱著，而張幼儀卻又不合時宜地懷孕了。張幼儀此前曾見過林徽因一面，兩個女人在火車站相見的那一瞬間，張幼儀就對她有了「思想複雜，長相漂亮，雙腳完全自由」這樣的感覺。而林徽因也讀到了張幼儀憂鬱眼神中的「哀怨、絕望、祈求和嫉意」。彼此的心都有所觸動，只是都沒有表現出來，站在一旁的徐志摩是尷尬的。

那個時候，愛情對於林徽因來說，仍然是甜蜜勝過種種苦惱。現在她見到了張幼儀，卻感到有些矛盾。原本只是一場禮節性的送別，轉眼間就變了味道。

徐志摩本來是要陪妻子去德國看望她的哥哥，沒想到林長民執意要帶著林徽因來相送。說到彼此的關係，張幼儀沒有任何糾纏，她早早就知道，在林徽因面前，自己所有的美好都不復存在，即便是婚姻的約束也無法發揮作用。面對徐志摩全身心投入的自由戀愛，面對他執意要自己簽署的離婚協議，她只能用拖延策略來應付，直至徐志摩收到了那封分手信：

我忘不了，也受不了那雙眼睛。上次您和幼儀去德國，我、爸爸、西瀅兄在送別你們時，火車啟動的那一瞬間，您和幼儀把頭伸出窗外，在您的面孔旁邊，她張著一雙哀怨、絕望、祈求和嫉意的眼睛定定地望著我。我顫抖了。那目光直透我心靈的底蘊，那裡藏著我知曉的祕密，她全看見了。

這樣的信對徐志摩來說無疑是當頭一棒，令他有些坐臥不安，原本身上的儒雅氣質也不見蹤影。他不斷地威逼著張幼儀離婚，根本不在乎她有沒有身孕。面對無休止的逼迫，張幼儀最終選擇了協定離婚。

1921年10月14日，因為工作的原因，林長民在倫敦待了一年之後，決定啟程返回中國。

林徽因思慮再三後，仍是沒有告訴徐志摩自己要走的消息。身為一個女孩子，她很清楚自己追尋的是什麼，她在乎的是真實而又持久的存在，並非虛幻的詩意。於是，這場繞了大半個地球的邂逅，最終只能以沉默來收場。

郵輪沿著蘇伊士運河須先經過印度洋，然後才能到達上海。這一路上，林徽因已經沒有了對於未知的探索欲，所有的一切事物都是熟悉的，彷彿自己從來不曾離開過中國，這些只是一場美妙的夢而已。只此一別，與康橋有關的人和事都被遠遠地留在了身後。波浪不停地湧動著，「我降下了帆，拒絕大海的誘惑，逃避那波濤的拍打。」

當徐志摩帶著張幼儀簽了字的離婚協議從德國回到倫敦，看到空蕩蕩的林家居所時，所有的喜悅都沒有了，心像是丟掉了一樣。他先是心平氣和地問房東，隨後便四處尋找，最後，當他筋疲力盡地來到康橋時，所有美好的夢想都破滅了，他眼前交織的只剩無休止的思念與失望。

而等待卻似漫長的行程，一天又一天，卻永遠也看不到路的盡頭。現實如此殘酷，讓他根本不知道如何面對。一個浪漫的開始卻造就這樣的結果，不禁讓他難以理解。

人海茫茫，誰才是最好的陪伴？歲月漫漫，誰又能攜手共度餘生？愛情這件事，讓徐志摩嘗到了痛苦的滋味。他只有不斷地用詩來寄託思念，用文字來澆滅情感的火焰。

回到北京以後，林徽因又重新回到培華女中上學。這段時間，她在一個人的清歡中又重新思考了以後的人生。她曾說：「凡是在橫溢奔放的情感中時，我便覺到抓住一種生活的意義，即使這橫溢奔放的情感所發生的行為上的糾紛是快樂與苦辣對滲的性質，我也不難過不在乎。」痛苦過後，林徽因又再次變得真誠而直率。

很快，她就接受了家庭的安排，又開始與梁思成交往。

一年不見，彼此都有了許多變化。無論是樣貌還是心態，甚至是對於同一個問題的看法。起初，兩個人還有些害羞，但隨著來往次數的增多，話題也就逐漸變得多了起來。

這個時候，梁思成也多多少少知道了林徽因與徐志摩的故事，但是他並沒有計較，反而是更加呵護她，不時地約她出來散心，談些有趣的事情。林徽因也依然能夠靜守優雅，對梁思成坦誠相見，她的直率完全超過了天生麗質，而且具有一種美的神韻。時光過得很快，所有的接觸都像是月光與水的相逢。

時間到了1922年8月，徐志摩好不容易離婚後卻又失去了林徽因。他真的有些累了，於是又懷揣著那份情思做出了回國的決定。

在上船的那一刻，他的心又似乎活了過來，滿懷著不放棄的希望，決定義無反顧地去追求自己的愛情。在船上，他寫下了〈月夜聽琴〉、〈青年雜詠〉、〈清風吹斷春朝夢〉等思考愛情與人生的詩篇。徐志摩是自信的，他要把這些詩當面讀給林徽因聽，讓她回心轉意。因為他始終相信那種情投意合的感覺，他不想讓那興奮與喜悅就此化為泡影。

太多不能，不如願，想離開，離開這個讓我疼痛的你。轉而，移情別戀，卻太難，只顧心疼，我忘記了離開，一次又一次，已經習慣，習慣有你，習慣心疼你的一切。

這位詩人的語言是火，內心是焰，在積蓄近一年的思考之後，他還是無法忘卻，所以他要不顧一切地去追尋。林長民在得知徐志摩歸國後，內心既有些感動於他的執著，又帶著些許後悔，更在期間數次透過書信來規勸這位好友。

志摩足下：

長函敬悉，足下用情之烈，令人感悚，徽亦惶恐不知何以為答，並無絲毫 mockery（嘲笑），想足下悮（誤）解耳。星期日（十二月三日）午飯，盼君來談，並約博生夫婦。友誼長葆，此意幸亮察。敬頌文安。

弟長民頓首，十二月一日。徽音附候。

得昨夕手書，循誦再三，感佩無已。感公精誠，佩公瑩潔也。明日午餐，所約戚好，皆是可人，咸遲佳賓，一沾文采，務乞惠臨。雖云小聚，從此友誼當益加厚，亦人生一大福分，尚希珍重察之。敬復志摩足下。

長民頓首，十二月二日。

言之切切，情之深深，寫下這些文字的時候，林長民完全是設身處地來理解徐志摩的，但是個中滋味只有徐志摩自己知道。

又有海風吹來，身上的燥熱沒有了。徐志摩一個人站在船舷邊望著遠處。前景是渺茫的，沒有了之前的溫柔多情，以至於他的猶豫讓這天也變得風雲不定。船上的人都驚慌失措，獨他卻站著不動，任憑海浪不斷地打溼衣服。

或許只有經歷過，才會懂得；只有嘗試過，才會明白。只不過命運此時對徐志摩是殘酷的，使他無奈得幾乎就像是一潭絕望的死水，再也找不到任何可以發揮才情的地方。而他也覺得自己就像是沙漠裡的綠草，在渴望著甘霖的滋潤；又像是即將枯死的樹木，在風乾前期待著有生命的跡象。

徐志摩回國之後，發現林徽因已經戀愛了，他抱著厚厚一沓詩稿，突然不知該何去何從。連他一向引以為豪的才情，似乎也逃遁得不知所蹤。他一心只顧著追求心儀的人，卻沒察覺自己的才情全是林徽因激發出來的。這個時候除了後悔之外，他又覺得有些對不起張幼儀。當時，自己一味地追尋真愛，腦子裡想的全是如何擺脫舊婚姻，以至於顧不得夫妻情分，說出了許多不堪入耳的話來。

「快些去打掉那胎兒吧，我們在一起本來就是痛苦，何必再添一個痛苦呢？」他說這些話時沒有一絲憐憫，就像在對一個陌生人說話。

「不可以的，這是我們的孩子。」她幾乎是苦苦哀求。

「我們，我們早已經沒有了。你是你，我是我。」現在想起來，他也不知道自己為何會那麼絕情。

「我聽說有人因為打胎死了。」

「還有人因為坐火車死掉的呢，你看到人家不坐火車了嗎？」依然是一副冷冰冰的模樣。

徐志摩喪心病狂地做著這些事情時，原以為自己的熱情會換來大大的擁抱，然而他並不理解林徽因的內心世界。雖然詩意可以帶給自己美好的回憶，但這樣的火熱卻總讓人感覺少了一份踏實。

多年後，林徽因說起徐志摩，臉上仍有著一絲不易察覺的神情。「我懂得，但我怎能應和……」

時至今日，在劍橋大學的國王學院，在劍橋旁邊有一塊白色的大理石紀念碑，許多柳枝從近旁的柳樹上垂下來，輕輕地拂著冰涼的碑石，透過斑駁的樹影，可以看見上面端端正正地刻著：

輕輕的我走了，
正如我輕輕的來；
……
我揮一揮衣袖，
不帶走一片雲彩。

各自真愛

為了選擇時尚的自由戀愛，徐志摩始終想擺脫世俗中的束縛和纏繞，他實在太渴望從這樣的痛苦中走出，然而面對當時那個繁華而又落寞的社會，他的才氣和詩情卻都已不復存在。正如他的朋友，北大校長胡適對其評價說：「他的人生觀真是一種單純的信仰，這其中只有三個詞，一個是愛，一個是自由，一個是美。他夢想這三個理想的條件能匯合在一個人的生命中，這是他的單純信仰。」於是，林徽因在這個時候成了他的信仰，而人一旦有了信仰，就會忘我地投入。所以，這樣的執著讓徐志摩忘記了自己已婚的特殊身分，全身心地投入戀愛。

而林徽因卻知道：「徐志摩當初愛的並不是真正的我，而是他用詩人的浪漫情緒想像出來的林徽因，而事實上我並不是那樣的人。」

於是，她選擇了活在當下，讓生命在從容中翩翩起舞。

梁啟超聽說林長民回到了北京，便主動邀約了一幫好友為其接風，大家藉酒細述往日之情，然後自然而然地說到了此前的「娃娃親」。林長民一直認為這樣的親事不錯，便催促著兩個孩子多多來往，一來可以加深感情，二來又可以回絕徐志摩的追求。梁思成之後便隔三岔五地跑到景山西街的雪池衚衕林宅約林徽因。就連林徽因那個喜歡怨天尤人的母親也是看在眼裡，熱在心裡，只要這個謙和有禮的孩子一來家裡，她總會高興地準備許多好吃的。

母親難得開心，林徽因自然也開心，這位留過洋的新女性決意去「更闊大的湖海投射影子」。同時，她讓自己盡快地沉浸到與梁思成的交往中，因為這樣的快樂不帶有任何壓力。

那時，梁思成常常約林徽因去北海公園，在那裡與她談論與清華有關的事，每次都有不同的內容，尤其是那些民主與科學的話題，聽起來永遠那麼吸引人。當然，最令林徽因驚嘆的還是他的才華，不但懂音樂、會美術，甚至在體育方面也是十分出色。他博學多識、滿腹珠璣，無論說什麼都頭頭是道。之前，林徽因只以為徐志摩是這個世界上最有趣的人，他的才情、他的風華、他的詩意，都吸引著她，以至於在自己靠近他時，那顆忐忑不安的心才會漸漸平息下來。但梁思成的再次出現，讓她改變了這樣的看法。如果說徐志摩讓林徽因痴迷的是一種誘惑和迷亂，那梁思成則是讓林徽因在對未知的渴求和喜悅中默契地感受著對方的一舉一動。

北海公園有個松坡圖書館，四周綠樹環繞。因為環境優美，常常會有時尚的年輕人來這裡讀書談情，享受美好的青春時光。身為館長的梁啟超也邀請了梁思成和林徽因來這裡，二人毫不意外地一下就喜歡上了這裡獨特的環境。為此，梁館長又別出心裁地創造出一個私密的空間，讓他們二人既可以感受陽光的照晒，又可以欣賞到碧波蕩漾的湖水。

梁思成無微不至地照顧著林徽因，帶她參加學校的活動，約她一起去圖書館，去看古建築，幫助她從痛苦的深淵中逐漸走出來。他明白，只有揮別了過去，才能更好地迎接未來。但意外總是不期而至。

這天，正值北京的春日，花開燦然，徐志摩突然出現在了松坡圖書館。這完全是林徽因沒有想到的事情，她只覺得曾經的一切都在淡去，在經歷過諸多的痛苦之後，她已不再嚮往和緬懷倫敦的往事，可是他的出現，卻又一次將那段經歷擺在了眼前。透過窗戶看去，他兩眼無神，無精打采地做著事情，完全沒有了在康橋時的精神狀態。看到他出現在這樣的場合，林徽因除了驚詫之外，更不解的是他少卻了許多神采飛揚，與從前的那個詩人相比簡直判若兩人。為了證實自己的想法，她還專程去問了服務人員。

「請問，剛才那位先生是這裡的服務人員嗎？」

「對啊，是我們剛應徵來的英文祕書。」

「……」

「你怎麼了，徽因？身體不舒服嗎？」梁思成發現她臉上的變化，便關切地問道。

「徽因？」見她沒有反應，梁思成又再次輕聲喚道。

「嗯，怎麼了？」林徽因這才回過神來，表情有些局促不安。

「你看的那個人是誰啊？」

「不認識。」

隨後就是長久的沉默。

徐志摩沒有看到林徽因，只是聽說她經常來這裡看書，便託人來到松坡圖書館外文部當了英文祕書，工作之餘還可以寫寫詩文。自從林徽因離開倫敦之後，他的心就因為這些碎片式的消息不斷起伏著。雖然聽說她和梁思成來往得很密切，但他還是暗自竊喜他們還沒有締結婚姻。

不明就裡的梁思成並不知道徐志摩已經回國，還是常約林徽因來圖書館。而林徽因也不好說破什麼，只是心想著彼此再不會碰面，便硬著頭皮去了幾次。一段時間以後，她漸漸對徐志摩的出現不再那麼提心吊膽，甚至懷疑是自己之前眼花認錯了人。

痴情的徐志摩依然在偌大的北京打聽著林徽因的下落。甚至有好幾次他已經跑到了林宅門前，只是沒有貿然進去，他不想讓自己表現得太失落，只想單獨見見這個「負心」的人，哪怕只是聽她說上一句話。那些時日裡，他就像是一隻受傷的小鳥，根本不知道自己要去哪裡，只是不停地尋找著心中的理想。每當夜深人靜之際，他的思緒更是如同決堤的流水，任那憂鬱悲傷四處瀰散。

顧城曾有一首寫給心上人的詩：「在粗糙的石壁上，畫上一叢叢火焰。讓未來能夠想起，曾有那樣一個冬天。」同樣是表達感情，徐志摩卻是在用自己的記憶碎片不斷地拼接著林徽因，用心想像著她的聰慧、嫻靜、知書達理。這是任何一個人都很難解開的結，自然也是一個本真的詩人無法逃避的悲劇。徐志摩只要一閉上眼睛，就可以看見她走路、說笑，甚至佯怒的模樣。在夢裡，她的身影總有些模糊，甚至連面容都看不清楚。這樣的情況下，只有想像力在不斷地生長著。

風不斷地吹著，天已經有些冷了。

人們依然忙碌著，穿梭於四處殘破的城牆間。城牆已經破敗不堪，牆上的草在瑟瑟發抖，給人的感覺是如此弱不禁風，遠處還有幾隻羊在低頭尋找著食物。

徐志摩不說話，只是用心思索著康橋的美好。今日無事，他也不知道怎麼就轉到了這荒涼之地。遠處的羊動了動身體，抬頭看了看這邊，然後又若無其事地尋找起食物來。時光是靜默的，只有昏黃泛白的陽光漫不經心地懸在空中。

「我夢見你……呵，你那憔悴的神情！」他一個人在曠野中大聲地誦讀著自己的詩，讓這些帶著感情的字句飄散在天際中。但在他的聲音之外，就只有時而旋起的鴿哨劃過。

當他得知林徽因要去北海公園的松坡圖書館時，激動得久久難以入睡。他把所有寫給她的詩稿理了一遍又一遍，又帶著感情一一地誦讀，然後才滿意地進入夢鄉。但似乎還沒怎麼睡，天就亮了，他又神清氣爽地起床收拾自己，每一個細微處都不肯放過。這個時候的他是喜悅的，根本看不出以往心中的痛苦。

近來，林徽因的心扉正逐漸向梁思成開啟，雖說她已得知徐志摩回到了北京，心中也為此糾結了一番，但她還是將那段美好的情感放在了心底。

時光如水一樣流淌著。

除了與梁思成約會之外，林徽因常常和家裡的姐妹們一起上下學。歸國以後，母親的情緒也似乎好了許多，因此，大家相處得也算是其樂融融。說到梁思成，家人都對這個帥氣的大男孩抱有好感，姐妹們也都流露出對林徽因的羨慕之情。但對於林徽因來說，先前的情感雖然處理得很決絕，可是心裡還是會不時地浮現出以前的情景。所以在與梁思成交往時，她已經在無意中為自己設立了一層看不見的障礙。梁思成清楚她的心思，得益於父親的幫助，他得到了一把圖書館的鑰匙，所以在閉館日他也可以帶林徽因在那裡看書。

說是看書，其實更多的時候是在聊天。這兩個人在一起，彷彿有著永遠說不完的話題。這樣的近距離接觸，多多少少也讓林徽因察覺到自己的情感變化，她發現自己很難拒絕這樣的柔情與關懷。

這天，二人又來到松坡圖書館，剛要關上門的時候，徐志摩突然出現了，寒風吹著他單薄的身體。那一刻，林徽因的眼淚險些湧出來，但她絕情地壓抑著自己的感情，生怕任何的表露都會讓他生出新的期望來。

「徽因，還好嗎？」徐志摩沒有理會一旁的梁思成，雙眼只是直直地看著她。他的內心中埋藏著火山一樣的力量，只求對方願意點燃自己。

「你好，徐先生。」林徽因慌亂的應答暴露了內心的緊張，她只想早些結束這樣的對視。曾經有千百次想像過重逢的地點和表情，只是現在都已經成了過去。之前，感情的產生只需要一個微笑或者偶然的相遇，可此時的現實卻決定了彼此無法在一起。

「你怎麼能不辭而別呢？你知道我找你找得有多苦嗎？我說要為你做詩人，這是我每天為你寫下的詩。」他把厚厚的詩稿遞了過去。

林徽因卻不敢接，如果是在從前，她早已是樂不可支地大聲朗讀起來了。

「謝謝你，只是我現在不喜歡讀詩了。」她真的不知道自己該說些什麼，或者，她該說些什麼話才能讓他安靜地離開。

三個人站在門前，一個只顧著真情地表白，根本就不顧及對方的感受；一個面對表白，窘迫得不知如何是好，只希望對方盡快離開；一個默不作聲地觀望，用心揣測著對方的心理，觀察著她的一舉一動。三個人都沒有這方面的經驗，場面一度十分尷尬。

「你收下吧。」

林徽因急得只是搖手。

「徽因，可以來這邊單獨談談嗎？」徐志摩眼神中流露出的是真情，在見到她的那一瞬間，他就感覺自己整個人都活了過來，說話時也有了底氣。他不想錯過這個機會，他想用自己的詩和言語打動她。

「不方便，我有朋友在這裡。要不一起到圖書館裡說話？」

梁思成見狀立即接話說：「對，一起去圖書館吧，外面太冷，容易感冒。」說著他把門拉開，林徽因剛要走進去，徐志摩一把抓住了她。突然有了皮膚的接觸，血液似乎也流得更快了一些，林徽因只覺得自己又要回到康橋的記憶之中了。她一邊努力地將手往回抽，一邊默默地告誡著自己。

「徽因，感覺你變了好多。」徐志摩完全沉浸在自己的情緒當中，說著，就要伸手去拂她的瀏海。

「徐先生。」林徽因不斷地往後縮著身體，可是他的大手是如此有力，她根本就無法掙脫。林徽因知道，再這樣糾纏下去，自己好不容易建起的壁壘很快就會被攻破，自己又要重新陷入那注定要負傷的痛苦中。他的眼神還是火一般的熾熱，根本容不得人多看，一不小心就會被他的熱情灼傷。

「徐先生，你這樣會讓林小姐很尷尬的，快鬆手吧。」梁思成終於開了口，他的語氣有些重，帶著些許不容置疑的決絕。

徐志摩遲疑了片刻，最終鬆開了手。

「不好意思，徽因，見到你實在太激動了，相信你是懂我的。最近還好嗎？感覺你瘦了些許。」徐志摩只顧著自己說話。

林徽因既尷尬又無可奈何。

「徽因，從現在起，愛、自由、美將會成為我終其一生的追求，但我以為，愛還是人生第一偉大的事業，生命中沒有愛的自由，也就不會有其他的自由了……如果有一天，我獲得了你的愛，那麼我飄零的生命就有了歸宿，只有愛才能讓我匆忙行進的腳步停下來，讓我在你的身邊停留一會兒吧，你知道憂傷像鋸子鋸著我的靈魂……」這一股腦兒的表白來勢洶洶，幾乎要嚇死林徽因，連梁思成也聽不下去，大膽地拉起林徽因就要走。

「徽因。」那帶著祈求的聲音，讓她突然覺得眼前這個男人變得很低很低，幾乎要低到塵埃裡去。站在兩個男人面前，林徽因的心情是混亂的，她不知道如何表達，也不清楚如何才能與徐志摩進行正常的交流。

這場重逢最終不歡而散，而所有的往事也都成了雲煙。

徐志摩獨自走了。他決然不會將記憶當作人生的風景，只會想像成一抹詩意，甚至在心底投下了濃重的陰影。痛苦、思念、煩惱、不快都糾纏在了一起，他只能在深夜裡用文字來安慰自己。

人生不如意十之八九，每個人注定會經歷許多，既然無法逃避，那麼何不勇敢面對？林徽因已在徐志摩鬆手的那一刻，決心要找一份真正屬於自己的愛情了。

別離太匆匆

徐志摩和林徽因的戀情，就這樣擺到了梁思成面前。

徐志摩走了，梁思成內心一陣一陣的痛楚卻無法言說，林徽因更是崩潰了，她從來就沒有想到過這樣的場景，在朋友面前被毫無保留地揭露隱私。她不知道自己是如何回到家的，只記得到家後就躲到屋子裡哭了整整一個下午，任憑是誰來敲門也不開，門外的說話聲、敲門聲交織在一起，讓她心煩意亂，也讓她無法理清自己亂麻一樣的思緒。這段初次綻放的情緣，本是一場不錯的生命體驗，她從這樣的珍貴和美好中感受到許多人生情懷。然而，結局卻是如此不堪品味，更遑論美好的人生風景。

痛苦如山一般壓在心頭，眼前的世界好像變得更加苦難。

還好，梁思成並沒有以別樣的眼光來看待林徽因。此前他也聽到過相關的人和事，現在總算是知道了其中的原委和彼此的態度。他並沒有激動地去找林徽因「打破砂鍋問到底」，而是默默地關注著她，不斷地了解著她的一舉一動。「我們無法矯治這個苦難的世界，但我們能選擇快樂地活著。」他審視了自己內心的迷戀與自身的不完美，最終認為只有看清了生活的不完美，才會懂得幸福的真正意義所在。他不想讓自己變得煩惱不斷，只想在自己的選擇中獲得幸福。在這樣的心態下，林徽因的形象在心中更加完美了。

感情的事情，永遠也說不清楚。若是無法看清感情的本質，了解真正的愛情，終究還是無法感受到幸福的真諦所在。林徽因的智慧之處，就在於她並非一個理想主義者，她勇於選擇放棄是因為看清了這一切；放棄得毫不猶豫，正是怕自己無法掌控這一切，便遠遠地離開這愛情的「百慕達」，以免引火燒身。

一個不斷靠近，一個不斷遠離。這二人的一進一退，吸引了不少旁觀者。徐志摩的才華吸引了大批女學生的注意，學生們口口相傳，傳其文學修養，傳其一表人才，傳其愛情故事。這讓他在痛不欲生的當口，可以暫時轉移視線。

很快，清華學校就發來了邀請徐志摩前去演講的函件。

抱著去散心的心態，徐志摩接受了邀請。或許是學生們傳播的範圍太過廣泛，報名的人數竟越來越多，就連附近院校的學生也趕過來想一睹其風采。梁思成知曉此事後也將這個消息告訴了林徽因，同時，他也想去現場了解一下徐志摩這個人，看看他的修養究竟如何。

到了現場以後，那場面之大、人數之多完全超出了梁思成的意料。學生們爭先恐後地來聽這位青年的講座。整個學術廳座無虛席，甚至連兩邊的過道也是水洩不通。伴隨著熱烈的掌聲，一位身著絲綢夾襖的白面書生走到臺前，他先是用手扶了扶那副精緻的眼鏡，然後面帶笑容地對著臺下鞠了一躬，不待坐定，便又響起了一陣雷鳴般的掌聲。主持人梁實秋剛介紹完，徐志摩就開始了他的講座，講座的主題是〈藝術與人生〉。這個話題從徐志摩的口中講出來既通俗易懂，又不乏詩意的浪漫。面對臺下眾人的關注，徐志摩不緊不慢，表現得遊刃有餘。幽默詼諧的言語更是引起了學生們的深思，如同飲了一杯老酒，頃刻間就有了醍醐灌頂的感覺。在現場聆聽過這場講座的學生後來這樣回憶道：「徐先生彷彿有一種天生的魔力，看見他的樣子，就忍不住為他沉淪，講座結束很多天後，很多人還對他當時的演講讚嘆不絕。」

講座的間隙，徐志摩端起杯子喝了口水，就在他伸手扶眼鏡的時候，發現了坐在後排的林徽因，雖然光線有些暗，但她的模樣與身材卻是無論如何都不可能認錯的。她靜靜地坐在一大群人中間，看起來不起眼，但從另一種角度來看卻又是那麼與眾不同。林徽因的出現無疑激起了他內心的情緒，於是他不再掩飾內心的想法，盡力讓自己表現得更加出色。

雖說是在演講，但徐志摩的眼神和心思已然全放在了她的身上。當林徽因從人群中站起來時，他還以為會有鮮花送來，可是她並未走向臺前，而是一轉身消失在門口。那一刻，他的心就像是被人狠狠地揪了一下，演講的風格也在不經意間起了變化，讓臺下正聽得如醉如痴的學生們一時間摸不清頭腦。梁思成也感覺到了臺上人所出現的變化。從徐志摩講座開始，他就感覺到了對方的才華。來這裡之前，他只是想更多地了解這個人，而現在他領略了他的思維敏捷、鋒芒畢露以及成熟浪漫。

徐志摩迫不及待地結束講座後，也顧不得學生們紛紛圍過來提問，便著急地朝禮堂外奔去。在場的人也不知道他要做什麼，只是很不情願地分成兩列，在徐志摩跑過後又很快地合攏起來。也有些學生跟隨著徐志摩慌張的腳步，跑出去一探究竟。到了門外，徐志摩卻是什麼也沒有看到，他那顆剛看到一絲光亮的心，頓時又變得黯淡下來。

林徽因走得很急，生怕被身邊的這兩個男人看到。她是拒絕了徐志摩的追求，卻沒有完全將這個人拋到雲霄之外，他的理想、理念以及他的創作態度，都值得自己來學習。也是因為如此，她才不顧人言可畏來到清華。當然，她也擔心梁思成會因此產生一些想法，所以選擇了早早離開，卻沒想到帶來了一系列的後續反應。

徐志摩不知所措地站在禮堂前，望著校園中的人來人往，嘆著這難以捉摸的歲月世事。梁思成也跟隨著跑了出來，望著那個人的背影，只感覺迷惑不解。

不久之後，徐志摩又出現在了他的眼前。

還是在松坡圖書館，這個痴情成狂的男人依然還是那麼大膽而熱烈。

「徽因。」

林徽因一時困窘得不知所措，一個勁地往梁思成旁邊靠。

梁思成始終是個實在人，此時才二十歲出頭的他，已經完全忘記了現場的那種緊張氣氛，卻從容地想要好好看看眼前這個人。他的出神以及對於這個人的好奇，倒是讓林徽因更尷尬了，正當她不知道如何是好的時候，梁啟超聞訊趕了過來。他一見這情景，很巧妙地化解了這不愉快的場面。

直到這個時候，梁啟超才知道徐志摩對林徽因仍然是一往情深，念念不忘。這倒讓身為老師的他有些憂慮不安了，他是懂兒子梁思成的，也了解自己學生的性格。因為不希望有人去影響梁思成和林徽因正在逐漸升溫的感情，梁啟超和林長民商量之後，決定還是將這件事情說個清楚，這樣既不傷顏面，又能很好地解決問題。

於是，兩位長輩先後約見徐志摩。

北京景山西街雪池衚衕，林家大宅被翠綠的樹木包圍，四周的人很少，更加突顯這裡的安靜。青灰的磚牆高高地聳立著，讓人一來到此處便備感森嚴，大門外蹲著的兩個石刻的獅子栩栩如生。這座宅院後面就是北海公園，走出院子就能看到瓊華島上的白塔。為了歡迎徐志摩的到來，林長民還專程請人買來了上好的「女兒紅」。

天色漸漸暗了下來，兩個人在酒中從家鄉聊到英國，從英國又聊到文學，只感覺有聊不完的話題。在英國的那段時日裡，這兩位萍水相逢的人結為忘年之交，時隔兩年之後再見，自然是別有一番滋味在心頭。

酒過三巡，身處林家大院的徐志摩心中更是有著許多說不出口的話，在英國時，兩個人既可以為一個話題捧腹大笑，也可以在書信裡各抒己見。他心裡清楚，便一直等著林長民先開口，而林長民又何嘗不懂他的心思，可就是一直不說話，他想等徐志摩自己說出來。

這二人像是在打太極，讓一旁的林徽因看得是雲裡霧裡。正在此時，徐志摩看到了牆上懸掛的一幅字，也不知道是何原因，他直接上前看了起來。這幅字乃是福建老詩人陳石遺的手跡，神采氣韻、章法布局以及結字造型看起來都很不凡。

這幅字上寫的是一首詩，他先是默默地讀著，到後來竟然發出聲來。讀到快結束的時候卻又戛然而止，因為那上面分明寫著「長者有女年十八，遊學歐洲高志行。群言新會梁氏子，已許為婚但未聘……」

雖然喝了不少酒，人卻是清醒的。此時徐志摩卻有些恨自己的無知，更恨自己怎麼會接受這樣的宴請，可他只能故作瀟灑地轉身。這酒喝得真是滿腹說不出的滋味，讓他只感覺自己受盡了戲耍。

第二天，他還在沉沉的酣睡中，有人送來了一份邀請函件，落款處工工整整地寫著「林徽因」三個字。他一下子又來了精神，一邊盥洗一邊哼唱。

金秋時節，北京城裡幾乎沒有什麼顏色，倒是城外更顯色彩斑斕。尤其是那香山的紅葉，大片大片的鮮紅點綴著群山，與周圍的色彩形成了鮮明的對比。行走其間，讓人不由自主地陶醉在這壯觀的景象中。秋風徐徐吹起，一片片的紅葉飄落，地上便一點點紅了起來。細看，如火一般在細密地燃燒著慾望；遠看，如霞似的在季節的感動中醉著紅塵。這樣的情景，讓人忍不住想一直走下去，陽光從稀疏的樹縫中灑下來，深深淺淺的光便有了不同的層次。一詩一詞一幅畫，一吟一舞一仙境。

徐志摩和林徽因相約來到了這裡。

兩人經歷過前幾次尷尬的碰面之後，似乎疏遠了不少。

「你那天去聽我的講座了？」

林徽因想了半天也沒想明白他是如何知道的，只是沉默不語。

「那天講得不好，還望多指導呢。」徐志摩謙虛地說，希望以此作為聊天的由頭。

「你有著詩人的氣質，做這些事情都是很不錯的。」詩人還是詩人，只是她已經不是從前的她了。

「之前那些事情確實讓你很尷尬，可也是情不自禁，望你理解。」一說到前幾次在松坡圖書館發生的事情，林徽因就會不由得感到緊張，以至於後來梁思成甚至在門外貼上了用來提醒徐志摩的便條，看到梁思成寫下「lover want to be left alone（情人不願意被打擾）」這行字時，她只感覺不可思議，不明白愛情怎麼會讓一個素來溫和有禮的人做出這樣的舉動。就像眼前這秋色，讓人不敢去讀，因為任何一片飄落的紅葉都有可能破壞了美好的夢想。生活總是讓人難懂，就像弄不明白自己的感覺一樣。

徐志摩也在看這秋色，他眼中的紅色沒有絲毫的肅殺之氣，反而有著矜持和可愛。置身其中，只想著連人都要變成紅色了，他心動於這一樹樹的繁華，更心醉於季節的流光碎影。秋天，更像是一場真實的夢，始終不會少的是熾熱、耀眼、光芒和情懷。

二人慢慢地向山上走著。

「志摩，你喜歡這紅葉嗎？」

聽到這話，徐志摩來了興趣，在這樣的環境裡，他怎會不喜歡這濃濃的芬芳呢？如果自己能有古人的情懷，完全可以醉臥在這火紅的林中，飲清風，酌霞光，入睡幽夢中。滿山的紅葉是為深秋換上的容顏，是惹人憐愛的絢爛。

「似燒非因火，如花不待春。邊行排絳帳，亂落剪紅巾。」這一路的紅葉就像是美好的年華，令人在清風中沉思，在雲捲雲舒中痴迷。人應該像這紅葉，沒必要一直沉默，就像愛情，如果太平靜，留下的只會是憂傷。徐志摩望著嬌豔嫵媚的紅葉，不小心陷入了這樣的情緒中，透過這紅葉，他彷彿看到了春天。

「紅葉是積澱，就像你此時的燃燒。可是誰又懂葉子由綠變黃再變為紅色，背後所要經歷的漫長痛苦呢？人的一生由盛而衰，由榮到枯，更多的是無奈。但我以為香塵歸土，那一樹的心動更應該把握真實的自己，珍惜眼前的一切。」林徽因手中拈著一枚從地上撿起的紅葉，細細地端詳著，當她說這些的時候，又好像有什麼話留在了嘴邊。

「離秋最近的葉子是紅葉，而離紅葉最近的情則是思念。難道你不明白我對你的愛嗎？」遠處的紅更加濃烈，以至於讓天邊的景色變得黯淡。

她用心聆聽著每一個字，就像是葉子在與風交流，只是少了以往的那種喜悅。康橋注定只能成為記憶，也只有記憶才會承載起從容和生命的成熟。「只言春色能嬌物，不道秋霜更媚人。我以為紅葉之美，並不在於它能輝映炫目的陽光，也不在於它能夠感動遠方的生命，而是它能在深秋中用生命濃縮愛戀，然後又情願把這種奔放的感情凝結。」

徐志摩放慢了腳步，細細咀嚼著這一番話。他不知該如何排解心中的沉重，忍不住踢了下腳下的石頭。沒想到林徽因見後，小跑上前撿起來，然後又用手細緻地拂去塵土，那喜悅之情，分明就像是得到了一個寶貝。

「一個石頭也當成寶貝，看來真是不識貨。」他借機說出了心中的想法，在他看來，自己與梁思成相比並無絲毫遜色。

「真是寶貝呢，這叫畫眉石，『南都石黛，最發雙蛾，北地燕支，偏開兩靨。』這可是女孩子用來對鏡描眉的。」林徽因並不去接他的話，而是執意想著如何說出自己的心思。

聽到畫眉石，徐志摩想到的卻是「風淒霜冷，怎忍看蛾眉依舊？」心裡愈發感覺到淒涼，淚水竟然流了出來。

也許是大家都明白了話中的意思，彼此都停下了腳步。

荼靡微涼，涼到憂傷。徐志摩平靜了一下心情，開始輕聲背誦起一首與康橋有關的詩。

康橋，再會吧；
我心頭盛滿了別離的情緒，
你是我難得的知己，
……
你我相知雖遲，然這一年中
我心靈革命的怒潮，盡沖瀉
在你嫵媚河身的兩岸，此後
清風明月夜，當照見我情熱
狂溢的舊痕，尚留草底橋邊，
明年燕子歸來，當記我幽嘆
音節，歌吟聲息，縵爛的雲紋
霞彩，應反映我的思想情感，
此日撒向天空的戀意詩心，
……
康橋！我故里聞此，能弗怨汝

僭愛，然我自有讜言代汝答付；
我今去了，記好明春新楊梅
上市時節，盼望我含笑歸來，
再見吧，我愛的康橋。

禍兮福兮

唯願歲月靜好，現世安穩。

香山歸來，二人終於了斷了康橋戀情，徐志摩不再去叨擾林徽因。現在來看，愛情更是一種專屬的愛戀，多情未必就是真情。

「北平的五月，那是一年裡的黃金時代。任何樹木，都發生了嫩綠的葉子，處處是綠蔭滿地。賣芍藥花的擔子，天天擺在十字街頭。洋槐樹開著其白如雪的花，在綠葉上一球球地頂著。街，人家院落裡，隨處可見。柳絮飄著雪花，在冷靜的衚衕裡飛。棗樹也開花了；在人家的白粉牆頭，送出蘭花的香味。北平春季多風，但到五月，風季就過去了。市民開始穿起夾衣，在不暖的陽光裡走。北平的公園，既多又大。只要你有工夫，花不成其為數目的票價，亦可以在錦天鋪地、雕欄玉砌的地方消磨一半天。」在張恨水筆下，五月的北京是如此的安詳而又愜意，處處充滿著花團錦簇。然而，此時在北京求學的青年學生們可沒有太多的閒情逸致，他們正在準備條幅、標語，準備在「國恥日」舉行紀念大遊行。

說起國恥日，其實要追溯到1915年，袁世凱迫於日本政府的強大壓力，也為達到總統職位世襲的個人目的，最終與日本政府簽訂了喪權辱國的「二十一條」。此消息一經傳出，立刻激怒了有血性的愛國人士，群眾開始罷工罷課，並進行遊行示威。雖然遊行最後以失敗告終，但是5月7日這天卻被當時的全國教育聯合會定為「國恥日」。

1923年5月6日晚上，梁思成因事臨時回家。出門前他還專門告訴同宿舍的同學，無論多晚都會趕回來參加明天的遊行活動。可是等到天亮時，他還沒有如約回來，同學們等不到他，便陸陸續續地走出校門，匯入大隊伍湧上各主要街道。其實，那天晚上梁思成在家中處理完事情，本打算趕回學校去，可他的母親見天色已晚，怕他路上出意外，便勸他明日早起再去，梁思成想著時間也還充裕就留了下來。第二天天剛矇矇亮，梁思成收拾完畢就要出門，但弟弟非要跟著去看新鮮，拉扯之下又耽誤了一些時間，於是弟弟建議騎摩托車去，為了不耽誤遊行活動，兄弟倆騎上車就朝長安街駛了過去。

街上到處是朝著長安街方向湧動的人，摩托車一路東拐西拐也還算順利。梁思成遠遠地看到人群中清華學校的橫幅，心急之下又踩了一腳油門，這時一輛小汽車突然從旁邊衝了出來，兩輛車直接撞到了一起。小汽車猛地一煞車，摩托車已被撞倒在地，還繼續向前滑行了一段，輪胎轉個不停，梁思成被重重地壓在車下，腿部流著血，坐在後面的梁思永則被甩到了幾公尺之外。而汽車上的人都沒有下車檢視一下，只是從車窗扔出一張名片，然後就若無其事地開車走了。巡警原本還想攔截，可一看到名片上的字，頓時嚇得灰溜溜地走遠了。

原來那輛汽車的主人是金永炎中將，他是中華民國總統黎元洪的陸軍部次長，為人一向囂張至極，被稱為「黎幕四凶」之一。弟弟梁思永過了很長時間才緩過神。他顧不得自己滿臉是血，便撲在哥哥身上大聲叫喊。只見梁思成臉色鐵青，昏迷不醒，身上到處是血。梁思永忍著疼痛跑回家叫人，簡單說了車禍的事，找起家人就朝長安街那邊跑。家人將梁思成帶回家請醫生診治後又將他們二人一同送進了協和醫院。

經過醫生們的努力，梁思成很快醒了過來。醫院初步診斷是不需要動手術，因為骨頭未碎，只需紮緊就能自我復原，一家人這才算是鬆了口氣。

梁思成的臉色蒼白，說話也是有氣無力。這個時候，林徽因也滿臉通紅地跑了過來。

「思成，沒事吧，你可是要嚇死大家了。」她氣喘吁吁地說著話，一邊說一邊看著梁思成。

「大難不死，必有後福。你看我不是好好的嗎？不用擔心。只是你怎麼也來了啊？」

這樣的問話其實很無意，卻將林徽因逼到牆根，她的臉似乎更紅了。也是，自己怎麼一聽到這個消息，就慌亂得不顧一切地跑了過來。不過心中的重壓，卻在見到他的那一刻消散了。

細心的梁母發現，她的眼眶裡還有著淚水。或許是過於擔心，額頭的汗水還沒有乾，把頭髮緊緊地黏在腦門上。於是，梁母急忙上前來安慰道：「沒有什麼事，醫生說是骨折了，好好靜養就可以痊癒。」

聽完這些，林徽因臉上立即漾起一絲笑容，隨即幫助梁思成的家人做起其他的事情。林長民也急匆匆地趕來問候。當他看到女兒也在這裡忙碌時，臉上露出了笑容。

這個意外誰也沒有想到，就是平時謹慎的梁思成事後回憶，也不知道這起車禍到底是怎麼發生的。雖說梁思成還得在醫院靜養一段時間，但幸福的是每天都可以見到林徽因了。她來來回回地忙碌著，除了每天送飯端水之外，還帶來許多新的話題，她帶著梁思成從學校說到北京，從北京說到國際，不斷地轉移著他對疼痛的注意。

隨著夏季的到來，身上纏著厚厚繃帶的梁思成最先感覺到了熱，那時屋裡沒有空調，祛暑只能靠扇子，這個任務多半就交給了林徽因。起先扇子扇得還可以，可時間一久手臂就痠痛得不行。她又不忍心看著梁思成的汗珠一直往下掉，於是就想了個好辦法，也顧不得什麼男女授受不親的講究了，端來一盆水，試好水溫，將毛巾沾溼後擦拭梁思成的臉和身體。這享受確實不錯，可林徽因每次都會累得大汗淋漓，像是從水中撈出來的一樣。

這天，醫院裡來了一群人，帶著一堆禮品。他們打聽到梁思成的病房所在後就直接闖了進來。

「你是梁思成嗎？」其中一人直接對著床上的梁思成問道。

「是的，您是？」

「這位是金永炎次長，專程來看望你。」說罷，後面那位長官模樣的人走上前來，詢問了傷情之後，又說了一些道歉的話。梁思成這才恍然大悟，來人原來是那次車禍的肇事者。待這些人走後，梁思成與林徽因不禁談論起這些人的作為，兩個人你一言我一語地說著。

天氣愈來愈熱，每天用毛巾擦汗也成了林徽因固定的功課。剛開始時，梁思成覺得特別彆扭，怎麼都不習慣這樣的做法，可他的身體又動不了，只好臉紅心跳地接受。不過，到了後來他也慢慢地習慣了。一段時日下來，林徽因明顯瘦了許多，情緒卻一直很好，但這個不錯的降溫方法卻遭到了梁母的反對。

有天中午，梁母來給兒子送飯。來到病房門前時，突然發現林徽因正低著頭給梁思成擦汗，她每翻動一下梁思成的身體都要用很大的力氣，看得出非常吃力。梁母雖然有些感動，卻也覺得有什麼地方不對勁。她站在門前思慮了一會，便微笑著上前拍了拍她的肩膀，說道：「徽因，最近太辛苦你了，我來吧，你休息一會。」說著就拿過毛巾給梁思成擦起來。林徽因只感覺屋裡的氣氛怪怪的，卻又不知道怪在哪裡，她衝著梁思成連續做了幾個鬼臉，便找了個藉口出去了。

「思成，你怎麼能讓一個大家閨秀給你擦身體呢？簡直是不成體統。一個人要是不守婦道，以後成家立業了會有很多煩惱的。」母親李蕙仙一見林徽因走出去，這才說出了自己的看法。

「母親，您就別想那麼多了，徽因每天那麼勞累，我們應該感謝她才是。再說那些女醫護人員不也是這樣精心照顧兒子嘛，又怎麼說呢？」梁思成是接受過新思想的人，他並未在意母親說的這些事情，反而笑著和母親「頂嘴」。

「就是你嘴硬，我跟你說的都是實話。」說著伸出手來假裝打他。

「母親大人，您生我已經很不容易了，現在還捨得打我啊！來吧來吧，往我的傷腿上打。」說著就要伸出腿來。

就在母子二人開著玩笑的時候，林徽因正巧走了進來，嚇得梁思成趕緊拽了拽母親的衣角，而李蕙仙也顯得有些不自在，只好低頭繼續幫兒子擦身體。她一邊擦，一邊留心聽梁思成和林徽因的對話，生怕自己剛才說的話讓林徽因聽到。

回到家後，李蕙仙將醫院的事情告訴了梁啟超，本想著他會認同自己。沒想到梁啟超聽後卻笑了出來：「這些事本來就是徽因的事情，沒必要大驚小怪嘛。」然後便不理會她，自顧自地做事情去了。

梁家二老對待林徽因，各自有著不同的觀點。梁思成是個細心人，感覺到母親表現出不滿的情緒時，會替母親向林徽因道歉，也會巧妙地說出母親不喜歡她的原因，讓徽因不要生氣。而林徽因並沒有計較這些，她仍然如之前一樣照顧著梁思成。

這天，她從醫務室拿來了一張《晨報》，遞給了梁思成。

「恭喜你啊，出了車禍竟然上報成名人了。」

梁思成不解，打開報紙一看，他車禍的消息竟然出現在頭版的重要位置。說起那次車禍，那位金永炎確實太小看梁啟超的能力了，面對強大的輿論壓力，連黎元洪都坐不住了，金永炎只好出面道歉並承擔全部醫療費，還拿司機做替死鬼，最後甚至連總統黎元洪也出面替他求情，這件事情才算是告一段落。

等到快要出院的時候，梁思成發現自己腿部的疼痛並未減輕，梁啟超只好又重新請來別的專家檢查。這一檢查才知道，原來之前醫生的診斷是錯誤的。梁思成不得不又接受了三次手術，但即便是這樣，他的腿疾也沒有完全治癒，還落下了嚴重的後遺症——他的兩條腿長度不一致。而脊椎的傷勢更是堪憂，他需要一直穿著特製的「鐵馬甲」來支撐。

因為身體的原因，梁思成開始拒絕朋友和家人，他情願將自己關在黑暗的小屋中，甚至連原本出國的打算也取消了，可當他看著林徽因含笑的面孔時，又困窘得不知如何是好。這樣的情緒是複雜的，也是糾結的。

「思成，你要振作起來，不要去想那麼多，至少我們現在還好好地活著。」林徽因請了假專程來陪他、開解他，想讓他盡快從自己的苦惱中走出來。也許就是在這樣的陪伴與照顧中，林徽因的內心慢慢萌生出了對梁思成的愛意。

面對生活的變化，林徽因似乎也有些不了解自己了。過去，雖然康橋的回憶是美好的，但她對自己的愛意洶湧感到害怕；現在，她又為這遲遲到來的愛意感到不解。所有因為車禍而起的變化，讓這個聰慧的人不明白，到底如何才算是愛一個人呢？

梁思成住院期間，弟弟梁思永與梁實秋等同學開始了遠赴美國求學的歷程。這些人遠去的消息多多少少又讓他心中多了些對於外界的嚮往。在這個飄散著消毒水氣味的地方，住得實在是有些久了。他望著窗外季節顏色的變化，不安的心早已經飛了出去。

為了打好國學基礎，梁思成又開始抓緊時間學習。而林徽因這一年來也很努力，在培華女中的學業結束，她也得到了半公費赴美留學的資格。

出院這天，梁思成最開心的事莫過於林徽因一直陪伴在他身邊。林徽因剛剛剪去長髮，換了一個當時特別時尚的女大學生髮型，讓他看得如醉如痴。

「徽因，我終於相信古人的話了，真得感謝這次意外的車禍，雖然皮肉受了傷，但是卻讓我重新認識了你。你真的很好。」

聽到這些話，林徽因害羞地低下了頭。經過此番事件，這兩個年輕人的關係似乎更進了一步，他們也開始憧憬起了未來。

第四章 人生樂在相知

不做俗世情人

這段時間在醫院的陪護，讓林徽因覺得梁思成是個值得信任的人。他的實在，不是詩意中的臆想，也不是那種虛無縹緲的幻覺。

隨著梁思成身體的逐漸康復，這兩個年輕人終於又有心情四處遊玩了。他們目前已經結束了北京的學業，正一起準備出國留學的事情。閒暇時，林徽因和梁思成一起，將他們的足跡留在了山野古寺之間。這樣的陪伴更似一種無言的安慰，讓梁思成從痛苦中一點一點地抽身，變得堅強起來，也讓他更加懂得如何關愛他人，善待自己。

儘管忙亂，但林徽因還是用她那雙能夠發掘美好的眼睛，讓不如意的生活變得有趣。她對文學的興趣越來越濃，而梁思成也受其影響，對文學的愛好不斷加深，還與林徽因一起加入了新月社。

新月社是中國現代文學史上影響頗大的一個文學社團。徐志摩與胡適結識後，開始參與北京上流社會的各種聚會，其中也有不少留學生，他們在徐志摩工作的松坡圖書館一起談論時事，偶爾也會撫琴弄詩，說些風花雪月之事。起先徐志摩只是在一邊觀看，後來也慢慢地融入其中。他還為此寫下了文字：「我們的小園庭，有時沉浸在快樂之中；雨後的黃昏，滿院只美蔭，清香與涼風，大量的蹇翁，巨樽在手，蹇足直指天空……」

正是在這樣的情形之下，徐志摩心生了籌辦新月社的想法，讓詩詞朝著新詩理論與新詩創作的路子發展，沒想到胡適、聞一多、梁實秋、林長民等人都積極地迎合。於是新月社很快就成立了起來。該社成立之初，以泰戈爾的作品《新月集》命名，意為這「不是一個強而有力的象徵，但它那纖弱的一彎分明暗示著懷抱未來的圓滿」。兼任《晨報》編輯的徐志摩更是將其報紙副刊作為主陣地，開闢了「詩鐫」專欄，為當時的文藝青年提供了一個發表作品的平臺。

1923年12月1日，林徽因的處女作在《晨報五週年紀念增刊》發表了，是翻譯英國作家王爾德（Oscar Wilde）的《夜鶯與玫瑰》。此消息一出，林長民自然喜出望外，反覆誇讚女兒詩一樣的文筆。梁啟超知曉此事後，也甚是高興，反覆思索了報紙上的文章，又推薦給李蕙仙看，並且一直在旁邊輕聲朗讀。

夜鶯喊道：「高興吧，快樂吧；你將要採到你那朵紅玫瑰了。我將用月下的歌音製成她，再用自己的心血染紅她。我向你所求的酬報，僅是要你做一個真摯的情人，因為哲理雖智，愛比她更慧，權力雖雄，愛比她更偉。焰光的色彩是愛的雙翅，烈火的顏色是愛的軀幹，她有如蜜的口唇，若蘭的吐氣。」

青年從草裡抬頭側耳靜聽，但是他不懂夜鶯對他所說的話，因為他只曉得書上所講的一切。

那橡樹卻是懂得，他覺得悲傷，因為他極愛憐那枝上結巢的小夜鶯，他輕聲說道：「唱一首最後的歌給我聽罷，你別去後，我要感到無限的寂寥了。」

……

「翻譯得真好。瞧瞧這孩子的文筆，看來我的眼力真是不錯。」梁啟超興奮地在屋子裡低吟高和，表現得就像個孩子。妻子李蕙仙望著他臉上的自豪，感覺又好氣又好笑。她不知道自己的丈夫為什麼會越來越喜歡那個未過門的「兒媳婦」，甚至在給女兒梁思順的信中，也表達出了這樣的開心：「我對於你們的婚姻，得意得了不得，我覺得我的方法極好了，由我留心觀檢視定一個人，給你們介紹，最後的決定在你們自己……徽因又是我第二回的成功。我希望往後你弟弟妹妹們個個都如此。」

梁思順是梁啟超的長女，她的丈夫周希哲是一名外交官，而這門婚事正是由梁啟超一手促成的，他用自己長輩的經驗和眼光為他們先做出判斷，但最後還是會把選擇權交給兒女。他了解自己的孩子，看人也有獨到的眼光，大女兒的婚事就是他的第一次「得意之作」，所以稱「徽因又是我第二回的成功」。可見，他對林徽因這個未來的「兒媳婦」十分滿意。

自林徽因的作品發表後，好事也是一件接著一件。這天下午，林長民剛進家門，還未來得及脫去馬褂摘下禮帽，便開口對林徽因說了一件事。正在讀書的她，激動得從沙發上跳了起來。

「是真的嗎，父親？您剛才真的是說泰戈爾要來北京訪問嗎？」聽到印度著名詩人泰戈爾要來的消息，林徽因不禁心潮澎湃。那些日子，她完全把自己沉浸在《新月集》、《飛鳥集》等泰戈爾廣為流傳的作品中，從那些有生命的詩句中感受著他無比銳利的文風。可以說，泰戈爾的作品不僅僅是對這個社會的深情流露，更是反映了一個時代的頹廢敗落。

見到女兒陶醉的樣子，林長民才明白泰戈爾的作品是如何影響了一個世代的人。那些散落在彼岸的詩歌像一朵朵傲世的花，隱隱地開著，用其獨特的優雅打敗了生命的乏味。

這場令學界期待已久的訪問，由梁啟超和蔡元培發起。身為中國文化界的領軍人物，他們用「講學社」的名義邀請泰戈爾一行來華參觀講學，既可以加強中印文化交流，又可以將國外的各種思想和觀點引入國內。林徽因也有機會跟隨父親去親眼目睹這位亞洲第一個獲得諾貝爾文學獎的詩人、文學大家的風采。

身為東方詩人，泰戈爾在 1913 年獲得諾貝爾文學獎的消息一經傳開，便在中國引起了不小的轟動。一時之間，翻譯介紹泰戈爾的詩歌成為時尚，中國詩人和讀者對泰戈爾的名字十分熟悉，因此對他的這次訪華充滿了期待。1924年4月12日，這位六十四歲的老人，終於在眾人的盼望中乘船抵達上海，隨行的還有梵文學者、畫家、歷史學家以及美國社會工作者。從一個文明古國到另一個文明古國，泰戈爾一行人經歷了一個多月的漫長航行，帶著渾身的疲憊踏上了碼頭。上海文藝界人士、中國各文學社團代表以及外國記者在碼頭排隊迎接，熱烈的氣氛讓泰戈爾感受到了中國人的熱情。他沒想到自己率領的「國際大學訪問團」會如此受歡迎。

新月社的創辦者徐志摩在泰戈爾訪華期間擔任翻譯一職。這天，泰戈爾一下船，他便上前攙扶，頓時讓老人對這位年輕後生心生喜歡。在接下來的一個多月裡，他們先後去了上海、杭州、南京、濟南、北京、太原等城市。或許因為同是詩人，他倆談得特別投機，有時甚至會通宵達旦地談詩、吟詩、寫詩。

在外人眼中，這一老一少就像一對情意深濃的父子，無論是散步，還是遊玩，一舉一動中都透著詩意。這些天的接觸，也使徐志摩愈發喜歡這位老人，在去北京的車上，他鼓足勇氣向泰戈爾吐露了自己的心事。徐志摩的深情講述，深深感動了老人。泰戈爾直言，若能夠見到林徽因，定會盡力撮合兩人。

泰戈爾一行於4月26日到達北京，火車一到站，手捧著鮮花的林徽因就緊張起來，她站在一大群文化界的名人之間，顯得有些焦灼不安。儘管已在腦海中無數次地想像過老人的形象，也反覆認真地讀過老人的詩，可到了真正要見面的時候，內心仍難免激動，尤其是四處又圍著那麼多觀望的人，更是讓她有些神情恍然。

火車停穩後，留著白色長鬚的泰戈爾穩健地走下臺階，一頂紅色氈帽搭配著褐色長袍，並不是林徽因想像中的那副嚴肅、呆板模樣，她這才漸漸回過神來，還來不及上前獻花，攙扶著泰戈爾的徐志摩已經用眼神示意。她趕緊集中精神走上前去，沒想到泰戈爾在接過花的同時，衝她微微點頭，就像是之前已經熟識的朋友一樣。他仔細打量了眼前送花的女孩，然後轉頭對身邊的徐志摩小聲說道：「這就是你說的那位獨一無二的天使吧？人真的很美，你可以勇敢地去追尋你的愛，只有優秀的男孩才能夠擁有這樣優秀的女孩子。」

此後的日子裡，林徽因和徐志摩一左一右陪伴著泰戈爾，不論是談論北京的人文地理，還是暢遊北海、法源寺等景點，林徽因都有著一種常人無法企及的魅力。對於泰戈爾，她微笑中帶著優雅，氣質中有著灑脫；對於徐志摩，她落落大方，彬彬有禮，保持著一顆平和的心。徐志摩受到泰戈爾的多次鼓勵後，心動的感覺漸漸明顯起來，看林徽因的眼神也多了些意味。人們常說，只有浪漫才能打敗生命的乏味，確實不錯。徐志摩每天不僅要陪同泰戈爾，還要翻譯演講稿，安排每日的行程，就是在這樣繁忙的情況下，他還是感到自己與林徽因又重新找到了默契，彷彿回到了他們在康橋時的歲月。

記者們的眼光是不同的，他們更關注於事物的外在。於是，兩人陪伴泰戈爾的畫面就為各報爭相刊用。有媒體這樣寫道：「林小姐人豔如花，和老詩人挾臂而行。加上長袍白面，郊寒島瘦的徐志摩，猶如蒼松竹梅的一幅三友圖。」

泰戈爾在北京始終受到追捧，但讓人記憶最深的是在日壇的講座，上千熱心的聽眾圍在臺下聆聽他激情滿懷的演講。老人的演講是如此鏗鏘有力，以至於梁啟超、章士釗等人都為其感動。當大家都在回味那些精彩的言語時，林徽因卻暗自稱讚起徐志摩的翻譯水準。

「志摩，你的翻譯水準太專業了。好多人都聽得入迷了。」

「主要是和詩人泰戈爾在一起，我的思緒才能得以發揮，要不然也是沒有靈魂的乾癟。」

恰逢泰戈爾的生日，為了緩解老人在外的思鄉情緒，5月8日「講學社」又特意為老人舉辦了一次難忘的生日慶祝會。宴會之上，梁啟超還特意為泰戈爾贈名——竺震旦。當時，其他人對於這個怪異的名字都不理解，聽了梁啟超的解釋後，大家才恍然大悟。原來古代印度稱呼中國為「震旦」，而泰戈爾的名字拉賓德拉（Rabindra）也可以譯為「震旦」。古代中國則稱呼印度為「天竺」。所以泰戈爾的中文名以「竺」為姓，以「震旦」為名。

泰戈爾本人非常喜歡這個中文名，在他後來所著的《我的童年》一書的結尾曾有言：「在我這裡，東方和西方有了友誼；在我的生命中，我的名字的含義實現了。」

除了意義特別的贈名，新月社也為泰戈爾準備了特殊的生日禮物，儘管時間倉促，但他們還是趕工完成了泰戈爾根據《摩訶婆羅多》改編的英文詩劇《齊德拉》。其中，林徽因扮演女主角齊拉德，張歆海扮演王子阿順那，徐志摩扮演愛神，林長民也有聲有色地扮演了春神，而梁思成則負責整個劇的布景設計。

演出那天，位於東單三條的協和小禮堂被圍得水洩不通，魯迅、梅蘭芳等文藝界的名人也趕來捧場助興。一時間洛陽紙貴，連節目單也變得搶手，一塊大洋竟然一張也買不到。北京的《晨報》對此次演出進行了報導：「林宗孟（即林長民）君頭髮半白還有登臺演劇的興趣和勇氣，真算難得。父女合演，空前美談。第五幕愛神與春神諧談，林徐的滑稽神態，有獨到之處。林女士徽因，態度音吐，並極佳妙。」

泰戈爾既是一位偉大的詩人，也是一位熱衷於戲劇創作的作家。看到自己的作品被活靈活現地搬上舞臺，他自然非常高興。詩劇一結束，他就與這些演員們握手。走到林徽因面前時，他歡喜地擁著她的肩膀說：「馬尼浦王的女兒，你的美麗和智慧不是借來的，是愛神早已給你的餽贈，不只是讓你擁有一天、一年，而是伴隨你終生，你因此而放射出光輝。」不難聽出，泰戈爾這些天和她講的話，多是徐志摩如何如何地喜歡她，意圖撮合兩人。

她不由得想起這些天徐志摩的表現，完全是一派陷入在詩劇中的模樣，說話做事處處都是「愛神」的神情，幾乎是旁若無人地表達著自己的情緒。有時面對他的眼神和表情，林徽因似乎也被感染了。所有舞臺上的效果都在不經意地朝著生活湧動，那動情的眼神彷彿可以燃燒掉一切。夜深人靜的時候，林徽因也會回想這一幕幕的情形，她知道自己終是無法忘記過去的一切，但她又必須為自己的夢想堅持，來完成對個人命運的掌握。

泰戈爾確實也為這兩個年輕人的事情努力了，但有些事情並不是努力就可以實現的，它可能更需要緣分。

5月20日，泰戈爾即將啟程去山西，眾多文化界人士前來送行，林徽因也前來與泰戈爾道別。徐志摩在車窗裡望著這個熟悉而又生疏的臉龐，心情複雜。當徐志摩知道一切都無可挽回的時候，他的內心又多了些傷感。尤其當他知道林徽因即將和梁思成一起出國留學時，內心更是無比悲痛。

在路上，徐志摩又一次從夢中醒過來，心情沉重地在紙上亂畫。「我真不知道我要說的是什麼話。我已經好幾次提起筆來想寫，但是每次總是寫不成篇。這兩日我的頭腦總是昏沉沉的，開著眼閉著眼都只見大前晚模糊的悽清的月色，照著我們那不願意離去的車輛，遲遲地向荒野裡退縮。離別！怎麼的能叫人相信？我想著了就要發瘋。這麼多的絲，誰能割得斷，我的眼前又黑了！」

他明知沒有希望，卻又不願意輕易放棄。這樣的情緒壓在心底，只能是無盡的痛苦。其實，林徽因的放下是為了彼此更幸福的生活，在愛情這件事上，她是坦誠的，因為她一心只想著如何去尋找屬於自己的幸福，而不是羨慕虛幻的愛情。

熱鬧的活動結束之後，在談及泰戈爾來華的目的時，徐志摩說：「他這次來華，不為遊歷，不為政治，更不為私人的利益，他熬著高年，冒著病體，拋棄自身的事業，備嘗行旅的辛苦，他究竟為的是什麼？他為的只是一點看不見的情感。說遠一點，他的使命是在修補中國與印度兩個民族間中斷千餘年的橋梁。說近一點，他只想感召我們青年真摯的同情。因為他是信仰生命的，他是尊崇青年的，他是歌頌青春與清晨的，他永遠指點著前途的光明。」

其實，寫下這些文字的時候，徐志摩自己也在想，情感到底是什麼呢？「淺喜似蒼狗，深愛如長風，所愛隔山海，願山海可平。」如果說，一個輕輕的擁抱能夠融化一顆心，那麼最好還是讓這無比浪漫的心境，在無聲中散溢位屬於自己的馨香。怎麼看都是一對絕好的伴侶，可是泰戈爾最終也沒有明白徐志摩與林徽因的感情，在想盡辦法卻仍撮合無果後，只能希望這段感情成為他們彼此最美的回憶。於是，在離去前，他特意留下了含意深刻的一首詩。

天空的蔚藍
愛上了大地的碧綠

它們之間的微風

嘆了一聲

唉

天和地原本就有著不可踰越的距離，這一聲無可奈何的嘆息，自然只能隨著風輕輕遠去。

異域浪漫

人只要一開心起來，時間就會流逝得很快，快得讓人根本來不及回憶。

經過一段時間的親密接觸，梁思成和林徽因的關係進展迅速。回首之前的那些事，一件一件讓人難以忘懷，而眼下最緊要的便是收拾好行囊，準備去美國留學。

兩個人一起出國，是他們之前從未想過的事。梁思成原本是準備前一年就赴美留學的，但意外的車禍讓他不得不休養一年，而林徽因也恰巧在此時獲得了半官費留學資格，這樣兩人才有了一起赴美深造的機會。

郵輪緩緩地行駛，碼頭上的人逐漸縮小，慢慢地變成了遠處的風景。等到什麼也看不見時，林徽因才從執著的遠望中回過頭來，只見梁思成守在一邊，眼裡滿是愛憐。

「怎麼了，不會剛離開就想家了吧？」他笑著問道。

「怎麼會呢？就是不知道那邊環境怎麼樣，這一去數年，真是會想家的。」她平淡地回答，似乎想從這樣的深情凝望中得到他的支持和鼓勵。

外面的世界，有著太多的美好，同樣也有著太多的誘惑，就看每個人能否堅守內心的篤定。

遠處的海面上，有海鷗在高高低低地飛著。林徽因與梁思成兩人在船上聊起了那場《齊德拉》的英文詩劇。

「我突然想起你在表演《齊德拉》的時候，有段臺詞不錯：『我是齊德拉，馬尼浦王室的女兒。溼婆天神垂降神恩，應許我的王祖以世代綿延的男儲。但是，神旨卻沒有力量改變我母親腹中生命的火花——我的天性是這樣的堅強，雖然我是一個女子。』」梁思成繪聲繪色地模仿著她的聲音，搞得這位「穿上男裝走出深閨」的林徽因有些不好意思。

「你的表演天賦十足啊，還以為你只會搞設計呢。」林徽因也調侃道，「我是齊德拉。不是受人禮拜的女神，也不是一個平凡的憐憫的對象，像一隻飛蛾可以讓人隨便地拂在一邊。」

兩個人說笑著回憶起那次演出，林徽因這才發現，始終在幕後的梁思成，竟然有著如此豐富的內心，便對他更加刮目相看。

1924年7月7日，經過漫長的旅行，林徽因和梁思成終於到達了康乃爾大學。按照計畫，他們要先在這裡趁著暑期完成預備課程，調整自己，適應新環境，等到9月開學再去賓夕法尼亞大學深造。

康乃爾大學位於伊薩卡市區的一座偏僻小鎮上，小鎮不大，絕大多數的人都是來康乃爾大學求學的學生。這裡三面環山，一面臨湖，幽靜的田園風光映襯著成片的建築。

風景自然是醉人，但對於剛到這裡的學生來說，所面對的一切又是神祕的。這所校園與其他大學截然不同，僅一個供教學使用的種植園就有三千多畝的森林，其間還有潺潺的溪流、陡峭的山谷和氣勢雄偉的瀑布。

置身其中，尤其是站在那座橫跨峽谷的吊橋之上，更感覺這裡不像是學校，而是人世間最為原始的地方。遠處一片火紅，似乎要被楓葉燃燒了一樣，樹影斑駁，讓校園中時時處處都顯得分外寧靜。

林徽因與梁思成這兩個陌生的造訪者，面對此番景象，不由暗自吃驚，只覺得這「巨無霸」的學校更像是一個隱在這裡的世外高人，以其飄然的身姿和靈魂，在等待著每一個人的探尋。為了能夠盡快適應學業，他們很快就投入了暑期的補習中。梁思成選修了戶外寫生、三角和水彩靜物等課程，林徽因則選修了戶外寫生和高等線性代數。

在這兩個月的時光中，二人時常背起畫具，去野外感受色彩，體會山、樹、泉水所建構的美，透過與大自然的親密接觸，激發出創作的靈感。他們還會結伴去體會大學的文化內涵，或許是融入山林之中的緣故，哥德式、維多利亞式、新古典主義式的建築依著山勢，讓人感覺特別雄偉壯觀。

在領略康乃爾大學的校園風光、享受大自然美好田園景緻的同時，林徽因與梁思成還在校友會上結識了許多新朋友。大家暢談理想、討論人生、唱歌、舉辦化裝舞會，過得充實而快樂。

每天的生活都是有趣的，在這樣的節奏中，暑期的補課也在有條不紊地進行著。雖然有時候也會感到忙亂，但彼此的扶持，讓對方從不安中找到了依靠和力量。在戶外寫生的路上，他們拋下了所有的不快和思鄉之情，讓自己完全沉浸在自由的創作之中。

很快就到了9月，兩人結束短暫的補習之後，來到了賓夕法尼亞大學。梁思成順利地進入了建築系，但林徽因卻因建築系不招女生的緣由而被拒之門外，她只好選擇了美術系。雖然出現了這樣令人遺憾的局面，但林徽因並沒有氣餒，而是想盡辦法在學好自己主修的同時選修建築課程。

林徽因開始了忘我的學習，不論風雨，總會按時來建築系旁聽，這樣的情形讓梁思成特別感動，也促使著他每天勤奮學習，用心做好筆記給林徽因看。兩個人經常在一起有說有笑地談論著專業，那樣的甜蜜無疑是令人羨慕的。或許正是因為林徽因有著自己的夢想與追求，所以才特別刻苦地學習，以至於常常到深夜她才戀戀不捨地上床休息。

林徽因在學業上的進取追求，使她得以破格跳級，直接升入三年級。她積極從事美術設計活動，並在大學生聖誕卡設計競賽中獲獎，僅用兩年時間就取得了美術學士學位；身為建築系旁聽生，竟然在不到兩年時間內就受聘擔任建築設計教師助理，不久更是成為這門課程的輔導教師。

1926年，《蒙大拿報》釋出了一篇對林徽因的訪問，文章的標題是「中國女孩致力拯救祖國藝術」。林徽因在訪問中告訴記者：「等我回到中國，我要帶回什麼是東西方碰撞的真正含義。令人沮喪的是，在所謂的「與世界接軌」的口號下，我們自己國家獨創的原創藝術正在被踐踏。應該有一場運動，去向中國人展示西方人在藝術、文學、音樂、戲劇上的成就，但是絕不是要以此去取代我們自己的東西……作為女孩，在中國，一個女孩的價值最多展現在家庭中，我崇敬這裡的民主精神。」從這段精練的採訪中，足以了解到林徽因的內心世界。

林徽因的用功，梁思成是看在眼裡喜在心裡。當然，他也在每週近六十個小時的繁重學業中嚴格要求著自己。這個時候，他們碰到了曾與梁思成是清華同班同學的陳植。陳植曾擔任清華學校青年學會會長，因為身材矮小，被人戲稱為「青年不會長」。故友重逢，自是少不了一番寒暄，而梁思成也大大方方地將林徽因介紹給陳植認識。此時的陳植才算是見到了傳說中的林徽因。她微鬈著頭髮，獨特的氣質和秀麗的外表下是無法言說的聰慧，兩個人只簡單地交流了幾句，陳植就被她的文采所折服。

學業之餘，梁思成和林徽因會去附近的集市逛上一圈，品嘗一些小吃當作放鬆。林徽因對外酥裡嫩的油炸燕麥包情有獨鍾，那種口感香香脆脆，再淋上煉乳，趁熱吃起來更是味道絕美。梁思成感興趣的則是小香腸，煎得鮮嫩十足，拿在手中香氣四溢，很容易勾起人的食慾，咬上一口，滿嘴都是濃濃的肉香，一種滿足感油然而生。有時，他們也會去校外散步，去感受一下大自然、小鎮和村落的氣息。

歲月靜好，流年輾轉。周圍的新氣象感染著這對年輕人，讓他們在和風細雨中感受著不同的關愛與浪漫。於指尖的光陰中，他們呵護著一場約定，那些宛如秋水的心事，快樂地流淌在寧靜之中。

情路坎坷

來到美國後，求學之路還算順利，但歡樂、緊張和新鮮的生活，並沒有驅散梁思成和林徽因各自心頭的陰影。梁思成的母親李蕙仙一直對林徽因抱有偏見，那還是在梁思成遭遇車禍住院休養期間，林徽因每天都去醫院看望他，陪在他身邊逗趣，還有擦汗、餵飯、幫助伸展身體等貼身服侍，兩人毫不避嫌。但這樣的舉動卻令李惠仙覺得一個女人還沒有和男人結婚就這麼開放，簡直是不守婦德的表現。她認為梁思成娶這樣的一個女孩，不會幸福。

後來，泰戈爾訪華，林徽因脫穎而出，但並沒有改變李蕙仙對她的印象。本就不滿這樁婚事的李蕙仙，從這時起反對得更加激烈，甚至在他們出國前還不斷地向梁思成表達自己不喜的態度。

在林徽因與梁思成剛剛抵達美國，還在康乃爾大學就讀之時，梁思成常常收到姐姐梁思順的來信。信中反覆傳達著一個消息：母親反感林徽因，堅決反對他們結婚。

而李蕙仙的這些想法，也不知道怎麼就讓林徽因知道了。她十分傷心，既不願忍受梁家母女的種種指責，更不能忍受他人對自己獨立人格與精神的干預。於是她找到梁思成，告訴他，等到假期結束，自己要待在康乃爾大學，不再隨他一起前往賓夕法尼亞了。

林徽因被這所有的煩心事搞得心緒不寧，竟一下子病倒了。心中的苦悶眼前無人訴說，便只好給大洋彼岸的朋友們寫信，她滿懷期待地將這些飽含著情緒的信件發出。

當胡適、徐志摩等人收到信時，每個人的心情都不盡相同。胡適只是以朋友的身分安慰著，而徐志摩卻認為自己又一次看到了希望。紙短情長，他手執著那封信在屋裡反覆地讀著，時而高聲時而低調，抑揚頓挫的姿態顯出了內心的得意與自足，他似乎要從這短短的話中讀出新意來。「我的朋友，給我一個快電，單說你平安，多少也叫我心寬。」

徐志摩的激動自是無法言說。他手持著信，雖然實在不明白這些文字想說些什麼樣的牽掛，但內心的情緒卻不由自主地燃了起來，只想著要把積聚在心裡的話全部變成文字寫滿一頁又一頁。很快他就寫好了一篇文字，然後又起身用心讀了幾遍，感覺還是無法代表自己的心情，又揉作一團扔在地上，然後又重新在桌前細心地寫起來。此時此刻，他只覺得所有的語言都太蒼白，無法表達出內心想說的萬千思緒。

時間在一分一秒地流逝，徐志摩的牽掛也在一分一秒地加深，他只想把自己的情況在最短的時間內送給林徽因，拂去她心中的所有不快。第二天一大早，他就匆匆趕到郵局發了封急電。工作人員看到他擬好的電稿疑惑地說：「今天早晨已經有四位先生給這位女士打過電報了。」

聽到這樣的話，徐志摩的喉嚨深處似乎有什麼東西堵住了一樣，一句話也說不出來。

林徽因的信如同一枚石頭，不經意地投入，卻深深地漾起了徐志摩心底的水花。他把自己關在屋子裡，寫下了一首詩。

啊，果然有今天，就不算如願，
她這「我求你」也就夠可憐！
「我求你」，她信上說，「我的朋友，
給我一個快電，單說你平安，
多少也叫我心寬。」叫她心寬！
扯來她忘不了的還是我——我，
雖則她傲氣從不肯認服；
害得我多苦，這幾年叫痛苦
帶住了我，像磨面似的盡磨！
還不快發電去，傻子，說太顯——
或許不便，但也不妨占一點
顏色，叫她明白我不曾改變，

咳！何止，這爐火更旺似從前！
我已經靠在發電處的窗前；
震震的手寫來震震的情電，
遞給收電的那位先生，問這
該多少錢，但他看了看電文，
又看了我一眼，遲疑地說：「先生，
您沒重打吧？方才半點鐘前，
有一位年青先生也來發電，那地址，那人名，全跟這一樣，
還有那電文，我記得對，我想，
也是這……先生，你明白，反正
意思相像，就這簽名不一樣！」
「唔！是嗎？噢，可不是，我真是昏！
發了又重發，拿回吧！勞駕，先生。」

用盡心思思索的文字並沒有如期寄出。那些時日，林徽因為感情的事壓抑得幾乎喘不過氣來，一連幾天發著高燒，一直躺在醫院的病床上。刺鼻的藥水不斷地往胃裡逃

竄，卻仍擋不住內心的壓抑與苦楚，那種孤單的滋味和著無盡的憂傷，朝著心靈最為脆弱的地方而去。梁思成也顧不得此前的不快了，每日都在病床前精心照顧著，用自己的真誠一點點地溫暖著她。當林徽因終於睜開眼睛時，眼前出現的並不是夢中的徐志摩，而是那個臉色蒼白、眼中布滿血絲的梁思成。

她緩緩地伸出手來，想要抓住他。在這樣的環境中，她清醒地知道，質樸、實在、踏實的梁思成才是自己最終要找的人。他雖然不解風情，也沒有那麼豐富的感情世界，可彼此之間有著共同的愛好和追求，有著溫情的生活。

那一刻的接觸，是梁思成所沒有想到的。他只想著如何彌補之前的不快，想著早些讓她從病痛中解脫出來，至於其他的事情，他根本就沒有去奢望。或許是大林徽因三歲的緣故，他總是默默地包容著她，甚至還會像孩子一樣逗她。面對她的種種不解與抱怨，也會用盡心力安慰她、守護她。林徽因住院的這些天，他的角色更像是一位護理師，每天遵從醫生的要求去打飯送水，還要在一旁打著盹為她讀報，這感覺就像之前林徽因照顧梁思成一樣。

愛如飲水，冷暖自知。梁思成用自己的安穩在慢慢地營造著相互理解的橋梁。

之後，林徽因和梁思成仍按原計畫前往賓夕法尼亞大學學習，但入校還不到一個月的時間，就傳來了梁思成母親病故的消息，而父親梁啟超念及他們才剛進入大學，為了不耽誤學業，再三致電勸梁思成不要回國奔喪。

梁思成悲痛欲絕，林徽因與他一起在校園後邊的山坡上，舉行了一場小小的祭奠儀式。梁思成焚燒了他寫給母親的祭文，林徽因採來鮮花綠草，編了一個花環，掛在朝著家鄉方向的松枝上。

時間是治療心靈傷痛的良藥，當兩個人重新成雙成對享受著大自然的美妙時，才知道那一段時間過得實在心酸，不僅遭遇了家人的誤解和離去，還要承受著彼此的折磨。而此前那些心情平和的日子感覺就像夢一樣飄渺，不過現在，生命的幸福時光終於又要重新掀開了。

流年不利

經過之前的那場大病後，林徽因變得不再那麼容易生氣，更多的冷靜讓她明白了如何在未知中相愛，在懂得後相守。在林徽因生病期間，梁思成每天都在奔波著、擔憂著。她每次從昏沉中睜開眼，都會看到他大汗淋漓地忙碌著。清晨，梁思成會早早起床去周圍採摘花束，那些還帶著露水的鮮花出現在病房時，常常會吸引其他患者的羨慕眼光，當淡淡花香抵消了濃烈的消毒水味道時，林徽因無疑是滿足的、幸福的。他那無微不至的關愛如同一種責任，而這樣的呵護也加深了彼此的信任。林徽因隱隱地產生了一種自責，後悔自己有時對梁思成不好，甚至還在病中給徐志摩寫過信。是的，我們每個人都不是聖人，誰也不能保證自己在感情中不犯錯誤。對於林徽因來說，縱然有著無數次的回望，有著無數次的懵懂，但她始終在用自己的聰慧糾正著航向。

病好以後，林徽因對戲劇產生了深厚的興趣。那情形有些類似於《不該愛的女人》一劇作的作者哈辛托·貝納文特·馬丁內斯（Jacinto Benavente y Martínez），他在馬德里大學讀法學專業時，突然間喜歡上了戲劇。先是不斷地觀看演出，後來便開始了瘋狂的創作。而現在要追溯林徽因對於戲劇的興趣，應該歸功於泰戈爾的訪華，她在北京不僅出演了英文詩劇《齊德拉》，而且還結識了京劇大師梅蘭芳。梅蘭芳對於林徽因這位才女也是十分敬重的，更有傳言說，凡是有林徽因在的劇場，他從不肯落座，每每都會從開始站到結束。傳言的真假已經無從鑑別，但可以肯定的是，戲劇的種子從那時起就已經在林徽因的心底萌芽了。

濃厚的戲劇氣氛和對於戲劇的大力推崇，讓留學海外的學子們也將這一愛好帶到外國，並成為時尚。戲劇演繹成為文化生活中不可或缺的一部分。這樣的戲劇多是傳統劇情穿插英語對白，雖然給人感覺有些生硬蹩腳，但也別有一番風味。沒事的時候，學生們就排練劇目，逢休息或節假日時就在校園裡演出。

「微笑是半開的花朵，裡面流溢著詩與畫，還有無聲的音樂。」對於林徽因來說，她特別喜歡參加演出，一大群人又說又笑，不僅練習了英語，也參與了戲劇的過程中，觀察、參悟了人生。梁思成對林徽因的這一行為自然十分支持，他雖學的是建築專業，但本身在美術和音樂上也有一定的造詣，因此凡是有林徽因參與表演的劇目，他都會積極地參與設計。到了後來，林徽因不僅會在舞臺上參與演出，也開始跟著梁思成接觸起各類舞美設計。由於戲劇會涉及美術、音樂、文學等眾多門類的知識，因此林徽因在參與戲劇表演的過程中也完善了自己。在大家眼裡，她愈發像生命的繁花，在達觀的微笑裡不斷地綻放著。這個時候，余上沅、聞一多等人找到了林徽因，想商量著一起成立「中華戲劇改進社」，從而進一步在美國各大校園內推廣和普及話劇表演。林徽因一聽自是開心，還未等到改進社徵稿，她就已經開始撰寫劇本，準備投稿了。

現在回過頭去看，林徽因後來毅然選擇進入耶魯大學的戲劇學院就讀，多多少少也因著這樣的喜好。她在跟隨 G.P. 帕克教授學習戲劇創作的那段時間，細緻而認真地鑽研著西方舞美設計的種種創作方法，無論是對布景、燈光的設定，還是對服飾、化妝等元素的搭配，都勇於超脫劇本的內容，進行各種藝術化的加工和改進，使得人物和環境相互契合。在這樣的二度創作中，林徽因「以其精緻的洞察力為任何一門藝術留下自己的印痕」。

這位本就聰慧的女子，不僅僅只是苦學書本上的那些知識，而且把所學的知識與其他門類的藝術全部融會貫通，然後又淋漓盡致地發揮出來，從而使得這種視覺藝術閃耀出了不凡的光彩。學習的日子是開心的。一旦沒有了令人心煩意亂的事情打擾，時間就過得飛快，美好的時光不經意就到了六月。

是誰笑得那樣甜，那樣深，
那樣圓轉？一串一串明珠
大小閃著光亮，迸出天真！
清泉底浮動，泛流到水面上，
燦爛，
分散！
是誰笑得好花兒開了一朵？
那樣輕盈，不驚起誰。
細香無意中，隨著風過，
拂在短牆，絲絲在斜陽前
掛著
留戀。
是誰笑成這百層塔高聳，
讓不知名鳥雀來盤旋？
是誰笑成這萬千個風鈴的轉動，

從每一層琉璃的簷邊
搖上
雲天？

六月的風，帶著清淺的時光，滋潤著淡淡的花香。陽光溫熱，生著徐徐暖意，在這樣的季節裡，夢如天空中移動的浮雲，在寧靜中閃動著深情的目光。花也開始盡情地盛放，似乎要在歲月的美麗中燃燒自己。林徽因又開始和之前一樣嫣然起來，時時處處都有著季節斑斕的色彩。種一朵花於心底，積一份素心怡然；生一絲從容於心底，積一份醇香溫潤。這又是一段生命中最開心的時光，可以在行走中寫詩，可以在旅遊中感受色彩，可以在戲劇的排演中明白人生。總之，一切悲傷都被快樂毫不留情地趕走了，一切憂愁都被陽光驅散了。

沒課的時候，林徽因會約著梁思成、陳植等一干好友去室外採風，細細觀瞻西方建築，領略其獨特魅力，盡情地用自己的笑容抒寫人生的美好，並在淡然中賦予生活新的內容。

「思成，我覺得大學的時光不僅僅是學習，還要到處走走看看，你以為呢？」

「我們的前輩不是早說過嗎？讀萬卷書，行萬里路。如果都像我一樣成天趴在書桌上繪圖，最後也就是個繪圖匠。我還是比較贊同你的觀點，抓緊一切時間學習書本上的知識，也要學習現實中的知識。」

「就知道恭維我。」林徽因故意裝作不屑。

梁思成卻有些急了，他怕林徽因因此而不開心。

有時候，梁思成會在無意間和朋友談起林徽因，說著說著就把自己內心的想法不經意地流露出來。沒辦法，林徽因就是一個讓男生喜歡、令女生忌妒的人。但她自己卻從來都不在乎這些，一直以超然的心境我行我素，用豁達的氣度享受著生活。

那時，為了更好地了解西方建築的特點，他們經常約上幾個朋友一起乘車去周圍的切斯特、蒙哥馬利等地進行考察。

陳植也和其他男同學一樣喜歡林徽因。起先他都是很高興地接受兩位朋友的邀請，可後來他慢慢地不願意去了，林徽因問他原因，他也不說，只是找各種理由來搪塞。輪到梁思成來找他時，他才不好意思地說出實情。

「我可不願意陪著你們看風景，那我受不了股熱情勁。」陳植是個實在人，這一句話倒讓梁思成不好意思起來。確實如此，每次外出，他與林徽因兩人有時談興一濃，不經意就將陳植冷落在一旁。大家都是好朋友，陳植也不能說什麼，只好把失落憋在心底。

林徽因知道這事後，還主動找陳植道歉。那微笑中帶著貼心，就像是對自己的家人一樣。

「實在對不住啊，每一次都將你冷落了，要不我請你吃飯吧？」林徽因一本正經地說著，以其淡定帶給了他愉悅。

「哈哈哈，我怎麼也成了小心眼了。我畢竟和思成是不同的。下次你們去考察我還是要參加的，去給你做瞭望哨。」

在賓夕法尼亞大學的中國留學生中，陳植與林徽因的性格相似，都是那種風趣幽默的人，他們的到來經常會受到大家的熱烈歡迎。與陳植不同的是，林徽因更擅長社交活動，又能講一口流利的英語，很快就打破了那種呆板的「拳匪學生」的稱謂。所以這兩個熱鬧的人一交流，彼此也就沒有了任何隔閡。

話一說開，三個人又和好如初，從此，白蘭地河戰場上留下了他們的足跡，拉德諾狩獵場上飛揚起他們的歡聲笑語，就連校外高低交錯的貧民窟中，都有著三人對於人生的嘆息與感觸。除了看不同的建築，他們也會考察當地的風俗民情，然後一一記錄下來，晚上次到宿舍後，重溫白天的所見所聞，並巧妙地將它們融入設計圖紙中。

林徽因雖然好學，但要將新奇的想像變成圖紙卻不容易，雖然她會一次次地加以完善，一遍遍地修改，追求完美的她卻還是常常對自己的作品感到不滿意。因此每到快要上交圖紙的時候，梁思成就如同救兵一般出現在她面前。他也不多說話，只是悉心地撿起被丟棄的草圖，用手細細撫平後擺放在桌面上，端詳一陣子之後，才拿起筆，用他那準確、漂亮的繪圖功夫，將林徽因那些天馬行空的想法變成一張張清楚而整齊的作品。

每次幫助林徽因完成繪圖後，梁思成從不會去誇耀自己，只是繼續趴在桌前細看。這個時候的他，在林徽因眼中很有個人魅力，彷彿骨子縫裡都透著男人味，那種內在的成熟與外在的穩重在無形中閃爍著自信。

「思成，思成。」林徽因輕聲喚著他，他卻完全投入圖紙的細節之中。

林徽因又輕輕地推了推他的手臂，他這才回過神來。

「怎麼了？」

「你繪的圖真好。」

「是嗎？謝謝誇獎啊。對了，今天晚上你有安排嗎？」

「怎麼啦？」林徽因好奇地問。

「那最好能將你借給我，我想為你過個生日。」說到生日，林徽因才發現最近一段時間因為忙於課業和種種活動，連自己的生日都忘記了。不經意間，自己已經二十一歲了，二十一歲正是人生的黃金時代。李大釗曾說：「青年之文明，奮鬥之文明也，與境遇奮鬥，與時代奮鬥，與經驗奮鬥。故青年者，人生之王，人生之春，人生之華也。」面對梁思成這個實在的人，她感覺到了一種無比的踏實。這樣的感覺是真實的，卻也讓她一眼就看到了遙遠的未來，那分明就是自己安穩的愛情。

「謝謝你，還記得我的生日。」林徽因臉色緋紅地低聲說道。

「不能老是當書呆子啊，從今天開始，我再也不會忘記這個神聖的日子了。」這一句話說得隨便而又感人，林徽因將自己的身體朝著梁思成斜斜地倚靠了些許。

1925年9月20日，上海的《圖畫時報》第268號雜誌釋出，頭版刊登的人物竟然是林徽因。她明眸皓齒，顧盼生輝，露出如花的微笑，尤其是那張《齊德拉》的劇照，更是美麗成熟。「所謂美人者，以花為貌，以鳥為聲，以月為神，以柳為態，以玉為骨，以冰雪為肌，以秋水為姿，以詩詞為心。」而照片下方配的文字更是充滿讚譽之詞：

林徽因女士為林長民先生之女公子，明慧妙麗，譽滿京國。精通中英文，富美術思想。平居無事，輒喜講求家庭布置之方。小至一花一木之微，亦復使之點綴有致。前在北京，曾就培華女校習英文音樂各科。民九遠航間，留學英京，入聖瑪麗學院。踰年內渡，轉學北美，專習建築圖案，尤注意於戲臺構置。首往紐約省之漪瑟城，入康賓山大學，繼往飛飛城，入賓省大學。誠以歐美諸邦專才輩出，劇場建築不獨以工程堅固，陳設華麗見稱。舉凡美術興趣、歷史觀感，隨處流露，無往不足引人入勝，以視中國劇場，洵有天淵之別，不可同日語也。將來女士學成歸來，必可以貢獻於國人者。

這樣的消息傳來，更加催促著林徽因對於戲劇的喜好與投入，她甚至考慮要在讀書期間書寫出一部感人至深的戲劇。而梁思成依然埋頭讀書，一心撲在與建築有關的鑽研中，希望回國後能夠有所用處，而這樣如飢似渴的狀態，讓他一度成了同學眼中的「狂人」。圖書館去得多了，梁思成眼前豁然開朗起來，同時也發現，在這浩瀚的書海之中，幾乎看不到介紹中國建築的書籍，由中國人撰寫的、關於中國建築的書籍也很少。除了遺憾和惋惜之外，他只能想辦法拼湊這些零散的知識碎片，然後再重新加以系統地整理。

「徽因，最近學習西方建築，更加滋生了我對東方建築的好奇與嚮往。之前，我只怕自己成了繪圖的匠人，現在我要立志研究中國建築了。」

「在中國匠人眼中，建築永遠不是西方人認為的藝術，而是一種政治觀念的表現，並且要融皇權、禮制等在其中，更加展現出了莊重、華麗。你說的研究東方建築，我認為不論是作為國粹的發揚，還是作為一門技藝的傳承，都是非常好的事，以後我就做你的助手好了。」

「我們一起研究考察吧，互為助手。」

這個時候，兩個人真正體會到了相同愛好所帶來的樂趣。正如梁啟超在信中對孩子們的希冀一樣：

莫問收穫，但問耕耘。將來成就如何，現在想他則甚？著急他則甚？一面不可驕盈自慢，一面又不可怯弱自餒，盡自己能力做去，做到哪裡是哪裡，如此則可以無入而不自得，而於社會亦總有多少貢獻。我一生學問得力專在此一點，我盼望你們都能應用我這點精神。

父親的鼓勵和林徽因的支持，讓梁思成不斷汲取著知識的養分，擴大著自己的眼界。

在外求學的日子一天天過去，林徽因發現自己已經有一段時間沒有收到父親的來信了。她想著父親成天忙於自己的事業，便先後寄去了幾封信，結果都是石沉大海，有去無回。敏感的她不由得有些擔心，便不停地去郵局問訊，但每次都是無功而返。

林徽因了解自己的父親，她知道父親心中始終有著很高的政治抱負，只怕有志不能報國，所學不能致用。這些年他一直在尋找機會想一展政治才華，卻屢遭打擊。先是反對國民黨徹底革命，卻讓袁世凱稱帝打破了幻想。之後雖然受命擔任北洋政府司法總長，結果卻因段祺瑞下野，任職僅三個月就隨著內閣解散而下臺，自稱「三月司寇」。好不容易等到段祺瑞復出，他被委任為國憲起草委員會委員長，本想著可以放開手腳做一番事業，卻又遇到馮玉祥和曹錕兩派鬥爭，林長民只得帶著編撰好的《草憲便覽》去往奉天，做起奉軍將領郭松齡的幕僚。

令人憂心的消息不斷從大洋彼岸傳來。這天從市場回來，林徽因思慮片刻後，提筆給梁啟超寫信詢問父親的現狀。

信很快就有了回音，是梁啟超寫給梁思成的。

我現在總還存萬一的希冀，他能在亂軍中逃命出來。萬一這種希望得不著，我有些話切實囑咐你。

第一，你要自己十分鎮靜，不可因刺激太劇，致傷自己的身體。因為一年以來，我對於你的身體，始終沒有放心，直到你到阿圖利後，姐姐來信，我才算沒有什麼掛慮。現在又要掛慮起來了，你不要令萬里外的老父為著你寢食不寧，這是第一層。徽因遭此慘痛，唯一的伴侶，唯一的安慰，就只靠你。你要自己鎮靜著，才能安慰她，這是第二層。

第二，這種消息，諒來瞞不過徽因。萬一不幸，消息若確，我也無法用別的話解勸她，但你可以將我的話告訴她：我和林叔叔的關係，她是知道的，林叔的女兒，就是我的女兒，何況更加以你們兩個的關係。我從今以後，把她和思莊一樣的看待，在無可慰藉之中，我願意她領受我這種十二分的同情，度過她目前的苦境。她要鼓起勇氣，發揮她的天才，完成她的學問，將來和你共同努力，替中國藝術界有點貢獻，才不愧為林叔叔的好孩子。這些話你要用盡你的力量來開解她。

這封信令林徽因惶惶不可終日，生怕父親有個三長兩短。儘管期間也生出過回國的念頭，只是她是半公費性質的留學生，來回折騰難免又會有許多破費，思前想後只能等待。

梁啟超的信很快又傳來：

初二晨，得續電又復絕望。昨晚彼中脫難之人，到京面述情形，希望全絕，今日已發喪了。遭難情形，我也不必詳報，只報告兩句話：（一）係中流彈而死，死時當無大痛苦。（二）遺骸已被焚燒，無從運回了。……

林徽因不清楚自己是如何昏過去的，那頁信箋是如此沉重，重得如山一般壓著她。她感覺自己就像是一片孤苦伶仃的落葉，在無盡的淒涼中再也看不到花兒綻放的美麗，只有舊夢還在，似乎在靜靜地等待著他的到來。

那些天裡，她只要想起父親，就會忍不住流淚。那個和藹的父親從此再也見不到了，而自己眼前也純粹是黑夜一樣的黑了。叔叔林天民這時也寄來了信和報紙。林徽因從那些報紙上了解了父親亡故的詳細經過，望著報紙上的黑白照片，此時的自己與父親已不是身隔大洋，而是陰陽兩隔。她不知道如何表達自己的悲痛情緒，只覺得自己生平第一次這般無助。隨著淚水打溼信箋，淡淡的墨逐漸湮溼開來。而她從此只能在回憶中依偎，在文字中感受以往的氣息。

面對這個噩耗，梁啟超意味深長地寫下了這樣的輓聯來懷念自己的朋友：

天所廢，孰能興，十年補葺艱難，直愚公移山已；均是死，容何擇，一朝感激義氣，竟捨身伺虎為之。

好友胡適也是哀嘆上天的不公，說道：「他那富於浪漫意味的一生就成了一部人間永不能讀的逸書。」

第五章　用一生回答

兩情相悅

人來到這個世界上，就是為了承受各種苦難。

父親的不幸去世，讓林徽因感覺自己的世界塌了半邊天。她再也不能像過去那樣無憂無慮，必須要在生活中學會堅強。母親也來了電報，說是父親走得太急，家裡眼下只有現金三百元，現在家中生活以及她的學費都成了急待解決的問題。

林長民一生不戀錢財，只關心政治，自然沒有太多的積蓄和固定財產。如今，他已撒手人寰，可是身後卻還有一大家子的人，大樹一倒，沒有了主心骨的大家庭就亂成了一鍋粥。沒過多久，林家就發生了變故，林徽因的二娘帶著自己的孩子直接回了福建老家，只留下母親一人空守著北京的宅院。這樣的消息如同陰霾一般籠罩著林徽因，讓她無法喘過氣來，只感覺自己帶著絕望與不甘掉入了萬丈深淵，她一直在掙扎，想要抓住任何一點星光向上爬。

沒有多少人知道林徽因此時的困頓與艱辛，只有梁思成如同心靈深處透出來的一絲光亮，悄無聲息地帶著她穿越厚厚的雲層。那似水如風的光亮帶著對往事的記憶，帶著斑駁流年的回眸，在期盼中為她開啟了一扇窗。

站立窗前，風輕雲淡，而最美的風景卻被生活中的挫折全然遮掩。從此，林徽因整天待在宿舍裡讀書、繪圖，用文字不斷地書寫著自己的內心成長和經歷。身為家裡的長女，她清楚自己不僅要完成學業，而且還要找到一份工作，承擔起照顧家庭的重任。丈量人性的是付出。從前那個光彩照人的林徽因消失了，變成了一個對自己苛刻的人，梁思成看在眼裡，急在心裡，他只能慢慢開導林徽因，細心地呵護她，用自己無怨無悔的守候去等待她的情緒好轉。

如果說青春是一場夢，那這場夢或多或少都帶著痛苦。林徽因不知道自己該何去何從，而所有的委屈也只能在獨處時才能發洩。真正的痛苦不是流淚，而是藏在心底深處的孤獨。以至於好多年後，當她想起那段面目全非的往事時，還會感到那種無法承受的痛苦。林徽因情願相信這一切都是虛幻的。

在那段痛苦的日子裡，只有梁思成的陪伴是真實的。他用心聽林徽因講述著內心的感觸，也曾想盡辦法讓她從這種痛苦的環境中走出來。小草的力量雖有限，但它同樣會帶來春天。梁思成的陪伴與開導確實使林徽因明白了許多事，也知道了她在這個世界上其實並不孤獨。

除了梁思成全身心的陪伴外，梁啟超也將林徽因視為己出。他在寫給梁思成的信中說：「學費不成問題，只算我多一個女兒在外留學便了。」為了不讓林徽因感到不安或者為難，某種情況下，梁啟超對林徽因的付出幾乎要甚過對自己的兒女。除了操心兩個孩子在外的開銷，平日裡還要接濟林家，這些情真意摯都是林徽因所沒有想到的。

為了林家，梁啟超也是想盡了辦法。其實，當時梁家的經濟狀況並不是很好，也是「對付一天是一天，明年再說明年的話」。但為了讓兩家度過眼前的難關，梁啟超聯繫身邊的朋友們，大家出主意、想辦法，積極為幫扶林家成立「撫養遺族評論會」，想透過籌款解決當下的燃眉之急。他給朋友寫信說：「彼身後不名一文，孀稚滿堂，粥且無以給，非借賑金稍微接濟，勢且立瀕凍餒。」不過這件事最終因為錢款有限而不了了之，但這份恩情卻讓林徽因終生感激不盡。

日子就這樣一天天地流轉著，既然變幻是生命中永恆的主題，那麼在歲月中以不變應萬變，總會撫平那些隱痛。

到了年底，林徽因的氣色已經恢復了，她約著梁思成又到了校園後面的山坡，如同上次祭拜梁母的流程一樣，朝著故鄉的方向進行了簡單的悼念儀式。在微妙的神情中，彼此的手牽在一起，從此以後，他們要學著面對人生的種種境況。

經歷過離殤的痛苦，才會有翩然的風采。林徽因不想辜負梁啟超的關愛，也不想辜負梁思成的那片赤誠之心。在紛呈的世間中，她又如蓮花般盛放開來。繁花落盡，平淡為真。

轉眼間，在賓夕法尼亞大學的校園生活只剩下一學年的時間了，林徽因和梁思成的關係進展得非常順利，就連回到加拿大的梁思順也對此感到高興。自從母親去世後，她也反思了自己曾經的武斷，旋而以慈母之心來看待弟弟的愛情。這樣的轉變也讓梁啟超從壓力中稍微喘過氣來。他在信中說：「思順對於徽因的感情完全恢復，我聽見真高興極了。這是思成一生幸福關鍵之所在。」

心情有所好轉，林徽因又開始忙起了自己所熱衷的戲劇。「中華戲劇改進社」的氛圍非常好，很容易讓人忘記不開心，而且大家又都忙於排演，致力於把傳統戲劇在西方世界發揚光大，所以經過幾次試演後，林徽因更是發自肺腑地喜歡這個社團。為了準備詩劇《琵琶記》的公演，林徽因更是主動參與場景的設計與布置，此劇由梁實秋扮演蔡中郎，冰心扮演牛小姐，謝文秋扮演趙五娘，顧一樵扮演牛丞相。那次演出確實出乎大家的意料，並在校園中掀起了一場戲劇熱。

除了參與「中華戲劇改進社」的活動，林徽因最喜歡的事情就是與梁思成約會。但每次約會，她總免不了要收拾打扮一番，因此常常讓梁思成一等就是半個多小時。為此，梁思成的弟弟梁思永還專門做了副對聯調侃二人，上聯是「林小姐千裝萬扮始出來」，下聯是「梁公子一等再等終成配」，橫批是「誠心誠意」。

饒是調侃，卻把這對戀人的心態寫得活靈活現。沉醉於幸福之際，林徽因聽說老朋友胡適要來紐約訪問，便力邀他來賓夕法尼亞大學演講。

老朋友見面，自然少不了寒暄。在輕鬆而有趣的聊天中，彼此又不經意地談到林徽因的父親林長民。胡適先是感慨人之情長，而後又嘆人生苦短，唯一的遺憾是沒有說服林長民動筆寫下自傳，從而讓中國紀實文學失了許多顏色。面對如此深情的懷念，林徽因感動得淚流滿面。見到這般情形，胡適只好轉換話題，講了講大局的局勢，又談了談文壇和親友們的情形，最後，話題轉到了徐志摩身上。

1924年，徐志摩愛上了有夫之婦陸小曼。陸小曼的前夫王賡畢業於清華，曾留學美國西點軍校，和徐志摩原是好友。為與徐志摩在一起，陸小曼在1925年底與王賡離了婚。1926年10月，徐志摩與陸小曼在北海公園的快雪堂舉行婚禮。這段婚戀在當時可謂驚世駭俗，用郁達夫的話來說：「忠厚柔豔如小曼，熱烈誠摯若志摩，他們遇合在一道，自然要發放火花，燒成一片了。哪裡還顧得到宗法家風？」

胡適還告訴林徽因和梁思成，徐志摩的前妻張幼儀至今仍帶著孩子與徐志摩的父母生活在一起。徐志摩的父母要求兒子，如果和陸小曼結婚，必須請梁啟超證婚。而梁啟超本不贊成徐志摩的行為，還是胡適和張彭春再三前去勸說，才最終出席了婚禮。

聊及此事，林徽因不禁想起了去年梁思成收到的一封家書：

我昨天做了一件極不願意做之事，去替徐志摩證婚。他的新婦是王受慶夫人，與志摩戀愛上，才和受慶離婚，實在是不道德至極。我屢次告誡志摩而無效。胡適之、張彭春苦苦為他說情，到底以姑息志摩之故，卒徇其請。我在禮堂演說一篇訓詞，大大教訓一番，新人及滿堂賓客無一不失色，此恐是中外古今所未聞之婚禮矣。今把訓詞稿子寄給你們一看。青年為感情衝動，不能節制，任意決破禮防的羅網，其實乃是自投苦惱的羅網，真是可痛，真是可憐。徐志摩這個人其實聰明，我愛他不過，此次看著他陷於滅頂，還想救他出來，我也有一番苦心。老朋友們對於他這番舉動無不深惡痛絕，我想他若從此見擯於社會，固然自作自受，無可怨恨，但覺得這個人太可惜了，或者竟弄到自殺。我又看著他找這樣一個人做伴侶，怕他將來苦痛更無限，所以想對於那個人當頭一棒，盼望他能有覺悟，免得將來把志摩累死，但恐不過是我極痴的婆心便了。……

附：梁啟超在徐志摩、陸小曼婚禮上的訓詞：志摩、小曼皆為過來人，希望勿再做過來人。徐志摩！你這個人性情浮躁，所以在學問方面沒有成就，你這個人用情不專，以致離婚再娶。陸小曼！你要認真做人，你要盡婦道之職。你今後不可以妨害徐志摩的事業。你們兩人都是過來人，離過婚又重新結婚，都是用情不專。以後要痛自悔悟，重新做人！願你們這是最後一次結婚！

平淡的愛才能夠長久。自己到底是喜歡火熱的激情，還是愛穩重安全的陪伴？到底是喜歡點點泛愛的微光，還是看重攜手共進的追求？而今，林徽因的回首，已不再是少女的情懷和記憶，也不再是那種慌亂和不安，而是一種美麗而又堅強的訣別。

林徽因在後來與胡適的通訊中，談及自己與徐志摩當年的那段情感：「舊的志摩我現在真真透澈地明白了，但是過去的，算過去，現在不必重提了，我只求永遠紀念著。」

自從父親離開以後，她深深地感受到梁思成的陪伴與呵護，在靈魂的成長中，只想為他努力優雅，甚至凋零。從這一刻開始，決絕孤傲的林徽因更加堅定了自己的想法，要在歲月的流淌中為了真正的愛情，如同飛蛾一樣去撲向那最幸福的火光。

1927年，林徽因與梁思成也結束了在賓夕法尼亞大學的學習，梁思成在2月拿了建築學士學位，7月獲得碩士學位。而林徽因也以高分獲得美術學士學位，原本四年的學業只用了三年就已完成。之後，梁思成以「研究東方建築」為由向哈佛大學的人文藝術研究所遞交了入學申請，並最終被順利錄取。而林徽因則進入了耶魯大學戲劇學院，跟隨著名的G.P.帕克教授學習舞臺設計，這使她成為中國第一個在國外學習現代舞臺美術的女留學生。

生活終於給了大家一個喘息的機會，梁啟超也在此時為兩個孩子操辦婚事，不論是國內傳統的訂婚儀式，還是按西方風俗舉辦的婚禮，這位父親可謂事無鉅細，一一擬訂了詳細的計畫。

1927年12月18日，雙方家人在北京舉行了訂婚儀式。梁啟超在給梁思成和林徽因的信中，難掩自己的喜悅之情。

這幾天為你們的聘禮，我精神上非常愉快……今天的北京家裡典禮極莊嚴熱鬧，天津也相當的小小點綴，我和弟弟妹妹們極快樂地玩了半天。想起你媽媽不能小待數年，看見今日，不免起些傷感，但她脫離塵惱，在彼岸上一定是含笑的。

1928年3月21日，梁思成攜手林徽因步入渥太華總領事館，完成了結婚登記。這個日期的選定有著梁啟超的良苦用心。原來一千多年前的這一天，正是北宋朝廷為工部侍郎李誡（《營造法式》作者）立碑刻石的日子，可以說，選擇這個日子既是為了紀念故去的建築大師，也是希望梁思成與林徽因二人能夠在國家的建築史上留下輝煌的一筆。

兩情若是久長時，又豈在朝朝暮暮。經過了九年的漫長時光，這兩個人的關係終於在風雨坎坷中穩定了下來，就像是一座為人所居的建築，經過斗栱和榫卯的裝飾與連結，開始彰顯出因天時、就地利的精巧構造，完美無缺。

林徽因自然是聰慧的，因為她最終放棄了一首充滿激情的詩，而選擇了一棟可以遮風避雨的房子。從這樣的情形來看，梁思成這個書呆子不但能造穩固的房子，還能運用自己的匠心獨具來贏得林徽因的傾慕。

交織的靈魂

一年之中，什麼季節最美？

若說最美，莫過於草長鶯飛的春日。

又是一年三月天，真的是無法想像春風到底有多大的力量，很快就讓沉睡了一冬的生命陸續醒卻過來，舉目望去，就連那些平日裡荒蕪的田間地頭，也是盈盈地交錯著黃綠，在春雨的滋潤下變得美不可言，伴著遠處氤氳的氣息，只讓人感覺這分明就是世外桃源，而不是車水馬龍的人間。

位於安大略省東南部的渥太華是加拿大的首都，也是一個多元化、有著高生活水準的城市。這座城市坐落在有許多小山丘和河谷交錯的平原之上，周圍被加拿大地盾構造的岩石群落包圍著，遠看就像個天然的盆地。氣候溼潤，林木繁多，生活在這裡的人們是幸福而知足的。

最近一段時間，林徽因和梁思順相處得空前地親密。梁啟超將梁思成與林徽因的婚禮定在渥太華舉行，正是希望能由大女兒梁思順和女婿周希哲為他們操辦。

我主張你們在坎京行禮，你們意思如何？我想沒有比這樣再好的了。你們在美國兩個小孩子自己實張羅不來，且總覺得太草率，有姐姐代你們請些客，還在中國官署內行謁祖禮，才莊嚴像個體統。婚禮只在莊嚴不要侈靡，衣服首飾之類，只要相當過得去便夠，一切都等回家再行補辦，寧可節省點錢作旅行費。

按父親的囑託，梁思順為了辦好弟弟這場婚禮，成天思索著婚禮的每一個細節。林徽因也忙個不停，當然她考慮最多的還是如何將自己最美好的一面展示出來。雖然受了近四年美國文化的薰陶，可林徽因在自己人生的這一重大時刻卻不願穿西式的白婚紗。

那時的渥太華根本找不到中國傳統的鳳冠霞帔，於是她就自己縫製出了一套東方特色的婚禮裝，衣服的領口、袖口都配了寬條彩邊。當這位漂亮的新娘走進眾人的視線時，人們都驚呆了，那高雅、端莊、秀美，映襯著林徽因獨特的韻味。彷彿她不是活在世間的凡人，而是可以傾倒眾生的仙子。

人間三千事，淡然一笑間。

泰戈爾曾說：「當一個人微笑時，世界便會愛上他。」三毛也說：「我笑，便面如春花，定是能感動人的，任他是誰。」確實，當林徽因帶著微笑出現在婚禮現場時，無需太多的言語，僅她那含情的眼神就已經拉近了與梁思成的心的距離。兩個人越走越近，彷彿找了許久，才發現最合適的那個人其實一直就在身邊。

人生百味，情最濃；人生繁華，淡最真。

悠揚的樂聲中，林徽因緩步走到梁思成面前，臉上洋溢著滿足和幸福，甜美的笑容中帶著歡快。當梁思成牽起她的手時，也忍不住激動地問道：「徽因，是你嗎？」

一季花開，一世傾城。

當他們二人在牧師的主持下，在親朋好友的見證下完成了結婚儀式時，林徽因不禁激動地流下熱淚，她遺憾自己的父親不能見證自己的幸福時光。

雷鳴般的掌聲響了起來，動人不已。望著大家祝福的神情，梁思成和林徽因知道，他們甜蜜的人生旅程從現在開始了，耳邊響起了那句「無論貧富或者疾病，我都會愛著並珍惜你，至死不渝」。

姐姐梁思順也感動得流下了淚水，自從冰釋前嫌之後，她對林徽因有了更多的了解，更加佩服起父親和弟弟的堅持，也後悔自己曾經的種種舉動。當這對新人走到梁思順的面前，想要感謝她辛苦操持婚禮時，她一邊拭淚，一邊攥著林徽因的手，四目相對卻說不出一句話來。

那一刻，梁思成的內心才變得釋然起來。

梁思成想了許久的一句話，終於在這時問出了口：「有一句話，我只問一次，以後都不會再問，為什麼是我？」

林徽因則答道：「答案很長，我得用一生去回答你，準備好聽我說了嗎？」

能用一輩子去詮釋一段愛情，這樣的感情一定是慎重、持久的。

婚後，梁思成和林徽因二人接受了父親梁啟超的建議，準備來一場與建築考察有關的旅行。為了計劃好路線，老人也是煞費苦心，幾次在信中提到自己的盤算。

……我替你們打算，到英國後折往瑞典、挪威一行，因北歐極有特色，市政亦極嚴整有新意，必須一住。由是入德國，除幾個古都市外，萊茵河畔著名堡壘最好能參觀一二。回頭折入瑞士，看些天然之美，再入義大利，多耽擱些日子，把文藝復興時代的美，徹底研究了解。最後便回到法國，在馬賽上船……中間最好能騰出時間和金錢到土耳其一行……

今寄去名片十數張，你到歐洲往訪各使館時，可帶著。投我一片，問候他們，託其招呼，當較方便些。你在歐洲不能不借使館作通訊機關，否則你幾個月內不會得著家裡人隻字了。你到歐後，須特別多寄些家信，令我知道你一路景況。

於是，這兩個心懷歡喜的人開始了他們的歐洲之旅。

他們的第一站選擇了古老的日不落帝國——英國。雖說這並不是二人第一次結伴遠行，可這次的感覺卻大為不同，談笑之外，他們更多了些對未來生活的種種設想。對於林徽因來說，還有著故地重遊的迫切與期待。

懷舊空吟聞笛賦，到鄉翻似爛柯人。恍然之間，時光已過去了八年，真有種物是人非的感覺。那時十六歲的林徽因，對於陌生的英倫充滿著好奇；而今再次看到這些風格迥異的建築，更多的時候是以專業的眼光在建築風格中探尋文化、歷史等內涵。

被譽為古典主義建築紀念碑的聖保羅大教堂是他們最先拜訪的一座聖殿。

「徽因，從泰晤士河上看這座教堂，你有什麼感覺？」

「這教堂讓我想起了歌德的一首詩：『它像一棵崇高、濃蔭廣覆的上帝之樹，騰空而起，它有成千枝幹，萬百細梢，葉片像海洋中的沙，它把上帝——它的主人——的光榮向周圍的人們訴說。直到細枝末節都經過裁剪，一切於整體適合。看啊，這建築物堅實地屹立在大地上，卻又遨遊太空。它們雕鏤得多麼纖細啊，卻又永固不朽。』」

一聽到林徽因引經據典，梁思成也來了精神，他抬頭又望了望大教堂，似乎在對應著那詩中的形象。過了一會才說：「它並非一座人間建築，它是人與上帝對話的地方。它像一個傳教士，也會讓人聯想起《聖經》裡救世的方舟。」

這兩個人哪裡是在對話，分明就是在用文字調情，一字一句都能挑起令人亢奮的情緒。太陽的照耀下，這如同十字架一樣的建築，讓人看不到任何的嚴肅，只是一處春日裡的勝景。

接下來，他們還遊覽考察了西敏宮、「東方哥德式」的英皇閣等建築。其中，水晶宮尤其令他們難忘，面對這座鐵架建構、全玻璃面材的新式建築，林徽因這樣寫道：「從這座建築上，我看到了引發起新的、時代的審美觀念最初的心理原因，這個時代裡存在著一種新的精神。新的建築必須具有共生的美學基礎。水晶宮是一個大變革時代的標誌。」

離開倫敦時，林徽因已全然沒有上次那種痛不欲生的感覺了。人生需要浪漫，也需要現實。現在，她的所有感覺是踏實的、安穩的，有著浪漫帶來的激情，有著生活中不經意而起的驚喜，有著無比美好的感覺。

之後，德國的愛因斯坦天文臺、德勒斯登王宮、柏林宮廷劇院、烏爾姆大教堂、科隆主教座堂都令他們大飽眼福，而瑞士迷人的自然風景則讓他們感到了全身心的放鬆。

到了義大利後，二人明白了父親為何在信中勸他們在此「多耽擱些日子」。尼亞迪斯噴泉、馬可奧里略圓柱、戰神廣場的方尖碑、聖彼得教堂、西斯汀禮拜堂……古羅馬的建築呈現出了令人震驚的宏偉壯麗，每座建築都有它自己的風格，卻又與其他建築相得益彰。

在米蘭大教堂前，林徽因突然喜歡上了教堂的環形花窗。在這片如同森林的建築群當中，花窗與一個個耀眼的尖塔比較起來並不起眼，與一座座神采奕奕的精美雕像相比，在做工和設計上也有差距，但斑斕的色彩和豐富的圖案卻令人不得不駐足觀望。雄偉的建築配以這樣美輪美奐的花窗，於莊嚴中多了柔和與燦爛。陽光從其中穿過，便折射出炫彩的夢幻來。在教堂神聖的氛圍中，這花窗更像是蒼穹下的一雙眼睛，在注視著芸芸眾生，又將所有的美麗、肅穆都融入了虛幻之中。

「思成，你看這玫瑰形的花窗，經過藝術線條的勾勒之後，給人感覺更加神祕，而且格調也是與眾不同，始終有著一種神聖感。但丁在詩中也說過，玫瑰象徵著極樂的靈魂，在上帝身邊不斷放出芬芳，歌頌上帝。現在看來，這花窗就像精靈，在若隱若現中點綴著教堂的細節，讓人充滿了無限的嚮往。」

「就是，那玫瑰的葉子更像是被拯救的心靈，在夢幻的迷離中釋放著絢麗和張揚。其實作為哥德式教堂的特色象徵，玫瑰花窗既華貴炫目，又高貴優雅。玫瑰花窗象徵著天堂，有著上帝之眼的美譽。在光影交織之中，讓人心心相融，這樣的攜手便是砥礪一生的相守。」

說者有心，聽者有意，當兩人於不經意中相視而笑時，這樣的默契也只有你知我知了。

對於放眼看世界的年輕人來說，任何新鮮的事物都可能會在心底生出波動。他們會在成排的菩提樹下，想到北海公園的自然之美；會在威尼斯的船上，想起秦淮河上的燈影清唱。

而羅馬競技場則以另一種悲壯震撼著他們。夕陽下，這座古競技場氣勢恢宏，映著火紅火紅的雲朵，似乎要燃燒起來。手撫著一塊塊齊整而又冰涼的石條，除了震撼得讓人喘不過氣之外，不難想像數千年前的這裡，一場場人與人、人與獸之間的殘酷格鬥和廝殺是如何的驚心動魄，又是如何的慘不忍睹。林徽因的耳邊彷彿響起了鋪天蓋地的吶喊聲，夾雜著原始而又野蠻的尖叫，那是一場淒涼的格鬥，讓人心緒如同海潮一樣洶湧。

「不能不說，人類是偉大的。這些華美的建築之所以經典雋永，無不是因為非凡的生命。知道嗎？古羅馬有很多燦爛的文明，當時為了取悅凱旋的士兵和讚美偉大的帝國，強迫八萬俘虜和奴隸用了十年時間，才修建成這個可以容納八萬人的角鬥場。現在來看，除了我們認為的勞民傷財之外，還有著尚武的情懷在其中。」梁思成說著自己對於建築和雕塑的見解。

「真的是無法想像，人們的歡呼到底是慶賀的喜悅還是發自內心的冷漠。難道運用人類智慧建成的場所，只是為了在這裡上演你死我活的戲碼？」她的情緒中透著無比的失落與憤慨，臉上的笑容也漸漸消失。

「你說的沒錯。作為建築，這隻有大半個骨架的古競技場在建築史上堪稱典範，也可以當之無愧地成為羅馬的代表，因為這之中始終不乏勇氣和力量，也可以說這裡見證了角鬥士們的人生傳奇。」

羅馬、米蘭、威尼斯，龐貝古城、羅馬競技場、卡庇多山上的建築群、麥西米府邸和維辰札的圓廳別墅、米蘭大教堂、聖馬可廣場……古羅馬藝術、拜占庭藝術、哥德式藝術和文藝復興藝術在這些城市和建築裡交相輝映。

離開義大利後，林徽因與梁思成走水路，經馬賽上岸，沿隆河北上，前往法國。

二人到了浪漫之都巴黎後，才體會到這裡的羅曼蒂克是如何融合著生活的味道的。

僅僅就建築來說，法國的代表建築凱旋門，無論是線條還是外觀，都在不斷地撞擊著他們的心靈。細細讀著代表出征、勝利、和平、抵抗等內容的浮雕，很快就能將它們與生活的細節相融，進而引發出心靈的共鳴。即便這樣，法國的建築師們還不忘將浪漫主義色彩融入其中，從而造就了這座「偉大的雕塑」。

林徽因一下子就被這座建築迷住了，她催促著梁思成為自己支好畫架，立即投入到描繪中。在她眼裡，凱旋門就是一個巨大的軸心，輻射出數條寬闊的街道。繪畫時，周圍時而會有人停下來觀看、評論，而投入其中的林徽因卻無心留意這些，她只想用自己的筆真實、出色地表現出眼前的美景。梁思成則在一旁不斷地用相機從不同的角度拍攝建築，希望留下美好的影像。當然，在他的鏡頭裡，自然也留下了林徽因專注繪圖的身影。

認真的神情總是讓人覺得很美。梁思成無意中想到了此前，自己在繪圖時，林徽因在一旁靜靜觀察的情景。而今，她已經不再覺得建築物只是死氣沉沉的堆砌，而是貫穿靈魂的美學理想。

接下來的行程中，林徽因又將艾菲爾鐵塔、羅浮宮、香榭麗舍大街、凡爾賽宮等景觀，一一納入自己的世界中。很多時候，她為了能夠有更多的時間考察，常常會忘記吃飯喝水，梁思成反覆提醒後，她才恍然想起這一天又沒怎麼吃東西。可就是這樣，她仍然樂此不疲地寫著、畫著，只有到了晚上，他們才會真正讓自己放鬆下來，聽聽音樂，喝點紅酒，談談自己一天的收穫與感想。

「我覺得回國後，我們可以好好研究一下中國古代的建築。」

「是。經過這一路的考察，發現我們要做的事情還有很多。」

風輕輕地吹著，這樣的旅行既精彩又讓人著迷。歐洲的經典建築，讓他們體會到了建築藝術的博大精深。這是一次空間的穿越，更是一種真正意義上的學術遊歷。

等到二人回到國內時，已經是8月了。

最好的時光

1928年8月中旬，梁思成與林徽因終於結束了歐洲之旅，回到了中國。

從二人婚後踏上旅途的那天起，梁啟超就特別關注這對新人的行蹤，雖說他們一路上不能透過信件述說心中所想，可他還是囑咐梁思成每到一個國家後，都要發張當地的明信片回來，報平安的同時也可以讓家人心遊神往一番。當梁啟超收到梁思成即將回國的明信片時，便迫不及待地讓家人收拾房屋，準備各種日常物品，那忙碌的情形就如同過年一樣。

這個時候，梁啟超的身體已是大不如前，但他還是堅持親自檢查督促。梁思成和林徽因回到家時已是夜半時分，卻發現大廳的燈還亮著，上前去看時才發現一大家人都在等著他們，內心頓時萬分感動。

在二人回國之前，梁啟超就時常在信中提起他們以後的職業。

你們回來的職業，正在向各方面籌劃進行，一是東北大學教授，一是清華學校教授，成否皆未可知，思永別有詳函報告。另外還有一件「非職業的職業」——上海有一位大藏畫家龐萊臣，其家有唐畫十餘軸，宋元畫近千軸，明清名作不計其數，這位老先生六十多歲了，我想託人介紹你拜他門，當他幾個月的義務書記，若辦得到，倒是你學問前途一個大機會。你的意思如何？亦盼望到家以前先用信表示。你們既已學成，組織新家庭，立刻須找職業，求自立，自是正辦，但以現在時局之混亂，職業能否一定找著，也很是問題。我的意思，一面盡人事去找找，找得著當然最好，找不到也不妨，暫時隨緣安分，徐待機會。若專為生計獨立之一目的，勉強去就那不合適或不樂意的職業，以致或貶損人格，或引起精神上苦痛，倒不值得。一般畢業青年大多數立刻要靠自己勞作去養老親，或撫育弟妹，不管什麼職業得就便就，那是無法的事。你們算是天幸，不在這種境遇之下，縱令一時得不著職業，便在家裡跟著我再當一兩年學生（在別人或正是求之不得的），也沒有什麼要緊。所差者，以徽因現在的境遇，該迎養她的娘才是正辦，若你們未得職業上獨立，這一點很感困難。但現在覓業之難，恐非你們意想所及料，所以我一面隨時替你們打算，一面願意你們先有這種覺悟，縱令回國一時未能得相當職業，也不必失望沮喪。失望沮喪，是我們生命上最可怖之敵，我們須終身不許它侵入。

《中國宮室史》誠然是一件大事業，但據我看，一時很難成功，因為其建築十九被破壞，其所有現存的，因兵亂影響，無從到內地實地調查，除了靠書本上的數據外，只有北京一地可以著手。所以我盼望你注意你的副產工作——《中國美術史》。這項工作，我很可以指導你一部分，還可以設法令你看見許多歷代名家作品。回來時立刻得有職業固好，不然便用一兩年工夫，在著述上造出將來自己的學術地位，也是大佳事。

起先他最看好的還是清華學校，但當時的清華處於南京國民政府大學院和外交部的爭搶之中。在無休止的爭執中，時任校長乾脆辭職離去，於是整個大學處於無人管理的混亂狀態。至於梁啟超關於增設建築的建議，也只能眼看著成為泡影。考慮到梁思成與林徽因未來的發展，梁啟超又推薦兩人去正在四處蒐羅人才的東北大學。

能夠成為新興學科的帶頭人，梁思成和林徽因覺得去東北大學也是個不錯的選擇。而此時的東北正由張學良主政，很多超前的思想觀念，而且他還聽從了梁啟超的建議，為二人在工學院特別開設了建築系。

即將離開北平（此時北京已更名為北平）去東北大學報到了，梁思成才發現父親較以往又老了許多，滿臉寫著滄桑，鬢角又添了幾許花白，就連走路也沒有以前那麼精神了。他此時真想陪在父親身邊，盡做兒子的孝心。梁啟超自然看出了梁思成的想法，卻只是勸慰著他和林徽因早些去學校開始工作。

離開北平前，林徽因曾緊緊攥著梁啟超的手：「父親，您要注意保重身體，不要再為兒女的事情勞心，我和思成會照顧好自己的。」

1928年秋，東北大學建築系首屆招收了一個班的學生，剛開始，建築系只有梁思成和林徽因兩位教師。建築學在當時的中國也是一門新興的學科，面對著如飢似渴的學生，那些時日他們真是既辛苦又幸福。為了提高教學品質，二人在教學中大膽地引進了歐美教學方法。面對英文教材，很多學生已表現得十分吃力，而要用英文來完成實習報告，就更是頭疼不已。於是，林徽因除了教授《美術裝飾史》外，還擔任《專業英語》課的教師。不僅如此，外出參觀考察的教學任務也時常落在她的身上，擁有多民族文化融合架構的瀋陽故宮和獨特建築布局的清昭陵都是她常用的「教具」。

這樣的生活充實而又緊張，往往也只有到了夜深人靜之際，忙碌了一天的兩個人才有時間聊聊別的事情。不管怎麼說，東北大學給了他們展示才華的舞臺，在國外學到的所有知識在這裡都可以得到淋漓盡致的發揮，而學生們也逐漸對這門「蓋房子」的學科產生了濃厚的興趣，以至於許多年之後，中國近現代建築大師劉鴻典、劉致平等人，依然還清晰地記得系主任梁思成開學前的演說：「建築是什麼？簡單地說，建築就是人類蓋的房子，為了解決人們生活上『住』的問題……建築又是藝術創造，從石器時代的遺物中我們就可以看出，在這些實用器物的實用要求之外，總要有某種加工，以滿足美的要求，也就是文化的要求以及造型的美觀。」

相比於梁思成的一板一眼，林徽因的《美術裝飾史》和《專業英語》課則多了些趣味，她還將書畫、雕塑、音樂等藝術元素都融於其中。慢慢地，學生們上課也不再像一開始那樣懵懂無知，而是跟隨著老師的思路，徜徉在中西歷史文化的長廊之中。經過兩位老師繪聲繪色的講解，冷冰冰的建築已不再是磚石與土木的單純結合，而是理性與感性相互交織所產生的美學。尤其在聽到那一個個建築背後隱藏的故事後，學生們心中更是生出了許多嚮往之情。也是從這個時候開始，梁思成和林徽因開始了戶外測繪古建築之路，這也是他們畢生為之努力的事情。

轉眼間，一個學期就要結束了。東北也漸漸進入了天寒地凍的時節。

來之前，梁思成和林徽因一直嚮往著東北的雪色，對那裡飄飄灑灑的人間勝景滿懷憧憬，可當他們真正生活在這個「童話世界」時，卻對冰封的湖面、晶瑩的樹枝，以及透著積雪的炊煙沒有了任何興趣。入冬以來，屋裡雖然生起了爐子，可依舊能感覺到四周的寒氣。加之林徽因從小生活在溫暖的中國南方，不適應東北的寒冷，故而時常感冒，可即便如此，她還是未曾耽誤學生的課，總是忙到深夜才休息。

辛苦的付出，自然會換得滿滿的收穫。工作、生活中的事情正按著最初的設想進行著。教學工作漸入正軌，而林徽因也有了身孕，二人對生活感到幸福而滿足。有時候聽著窗外呼呼作響的風雪聲，感覺有如天籟一樣美妙，就彷彿那是一首催眠的歌。

只是這種幸福沒有持續多久，他們就收到了梁啟超病重的電報。

適逢學校快放寒假了，梁思成和林徽因放下了手頭的事情，立即趕回了北平。此時的梁啟超神志尚清，看到孩子們回來，又聽到自己即將成為爺爺的消息後，雖已口不能言，但臉上還是露出了笑容。

主治大夫楊繼石和美國醫生柏侖萊找到梁思成，委婉地告訴他，梁啟超的病情自己已經是無力回天。X光透視時並未見異常，但在血液化驗時發現了大量的末乃厲菌（而今天我們所說的支氣管肺念珠菌病）。在當時落後的醫療條件下，這是世界罕見的病症。據不完全統計，梁啟超是當時發現的第四起病例，醫生考慮到他身體的實際情況，覺得已經不再適合用藥物治療。

這無疑就是病危通知了，梁思成一時也不知該如何是好，林徽因擔心他的情緒變化影響到公公，便上前輕輕拉他至窗前，什麼也沒有說，只是用眼神鼓勵他要堅強起來。綜合考慮後，家人在其他朋友的建議下，又選用了中醫診治。沒想到，梁啟超的精神漸漸好了起來，也能開口講話了。

隨著梁啟超身體狀況的好轉，林徽因這才準備回家休息休息，短暫的幾天裡，全身心地高度緊張，讓她完全忘記了自己已懷有身孕。

一切看起來都在朝著好的方向發展，大家緊張的心情也隨之放鬆下來。可是到了1929年1月17日，梁啟超的病情再次惡化。1月19日下午2時，梁啟超與世永別。一個人的離去，似乎只有記憶才能承載。從此，這位中國近代史上的先驅與這個混亂的世界作別了。

家主梁總長任公於一月十九日未時病終協和醫院，即日移入廣惠寺，二十一日接三。

望著黑得刺眼的訃告，林徽因是茫然的，她才從父親去世的傷痛中走出沒多久，現在就要面對剛剛從內心接納的這位「父親」的遠去，怎能不叫人痛心?可這次，她並未像父親林長民離去時那般失魂落魄，只是用手輕輕撫摸著自己的小腹，默默地說：「父親，一路走好。」

煙火燦爛

被雨水沖刷得明淨的西山坡下，翠綠的柏樹交錯毗連，環繞成一個獨特的世界。沿著蜿蜒曲折的小路前行，就會看見這片開闊的草地上又堆起了一座高大的墳墓。泥土是新鮮的，平整得看不到一絲雜草，大理石製作而成的楔形墓碑顯得莊嚴樸素，上面還鐫刻著一行碑文：先考任公府君暨先妣李太夫人墓。碑前陳放著一束菊花，花瓣上面還沾染著滴滴雨水，透過這些晶瑩，梁思成和林徽因感覺到了人間最為淒涼的幽冷。

在回東北大學之前，二人又一次來到這裡與父親告別。林徽因又一次流下了淚水，此前何曾想過，這回國後的第一件設計作品，竟然會讓人感到如此悲傷。現在看來，這用心設計的墓碑，是紀念更是守候。

陰霾很快散去，天氣漸漸轉暖，開學的日子很快就到來了。

待安頓好家裡的一切事務後，梁思成攜著林徽因回到東北大學開始工作。家庭的重大變故、繁重的教學任務，加之寒冷的氣候，以及孕期的反應，讓林徽因整個人變得十分消瘦，優雅的氣質也不復存在，與之前相比簡直判若兩人。

梁思成一邊忙於工作，一邊精心地照顧著林徽因的生活起居。他有時會心疼地勸林徽因請假休息一段時間，調理調理身體。可林徽因每次看到學生們充滿求知慾的眼神時，就忍不住說服自己要克服困難，同時也想為伴侶分擔一些工作，不想讓他的壓力太大。

在此期間，為了打造東北大學的標誌，張學良設獎徵集校徽圖案。林徽因設計的校徽主體為一面醒目的盾牌，盾牌上方用繁體字書寫「東北大學」。「東北」和「大學」之間則為《易經》裡代表東北的艮卦，中央書寫著知行合一。下方則為狼熊對望的長白山、黑龍江，隱喻日本與俄國對東北大地虎視眈眈，也為對應校歌「白山兮高高，黑水兮滔滔」。此項設計最終在眾多作品中脫穎而出，林徽因因此獲得了四百塊大洋的獎勵。

到了8月，學校放暑假後，夫婦二人回到北平，沒多久林徽因就住進了協和醫院，等待新生命的到來。

就像做了一場夢，在撕心裂肺的疼痛之後，伴隨著響亮的啼哭聲，新的生命誕生了。當護士把這個白淨的嬰兒抱給林徽因看時，那一刻，她也顧不得身體上的不適，在梁思成的幫助下依靠著床頭，幸福地接過孩子。女兒緊閉雙眼，臉上似洋溢著淡淡的微笑，既有父親的韻，又有母親的神。

「思成，你成為父親了。喜歡我們的孩子嗎？」林徽因的聲音明顯透著虛弱，眼中卻有著藏不住的喜悅，自打看到孩子的第一眼起，她心中的母愛就變得濃烈起來，如同決堤的水一樣湧遍全身。孩子彷彿也感受到了這種力量，回應似的啼哭起來，而她則愛憐地把孩子緊緊抱入懷中，輕輕地來回搖晃。那動作緊張而彆扭，認真又溫暖。

為紀念已故父親梁啟超「飲冰室」的書房雅號，二人最終為女兒取名梁再冰。

青青子衿，悠悠我心。歲月中的林徽因逐漸退卻了少女的稚嫩，多了些女性的成熟。梁思成的工作漸漸多了起來，各種事情交錯複雜地糅合在一起，有時難免會有些情緒波動，而林徽因此時卻表現得極其懂事，不但精神上給予支持，還在行動上進行幫襯，從來不會拖後腿。這讓梁思成感到非常欣慰，他理解妻子的付出，也沉浸於這份溫馨之中。

這樣的幸福，是簡單而又讓人滿足的。一天一天，梁思成把所有的愛都寫進了文字，把所有的喜悅都寫進了煥然的時光中。他單純的世界裡，現在只有紅塵陌上，牽手同行，只有共度人間繁華，同享歲月靜謐。

9月，東北大學建築系第二學年開學，為了緩解師資力量匱乏的情況，梁思成又積極邀請好友陳植、童寯、蔡方蔭等人來任教，共同投入中國建築學科的發展。而林徽因也在產後不久就回到了東北大學，立即投入緊張的教學之中。

老朋友的到來為緊張的工作帶來了許多歡欣，也讓林徽因緊鎖的眉頭舒展開來。這群志同道合的年輕人經常齊聚梁家喝茶聊天，暢談理想。酒酣之際，幾位老同學覺得在教學研究之外，還需要有活躍的建築實踐，於是經過大家商量，成立了「梁、陳、童、蔡營造事務所」，對外承接建築設計業務，這樣既可以實踐他們所學的理論知識，又可以為教學提供直觀的案例。

事務所開張不久便完成了兩項設計任務：一項是吉林大學校舍的修建，一項是交通大學錦州分校校舍的設計。面對大量的工程任務，梁思成等人並沒有退縮，他們白日裡忙於教學工作，夜晚就聚在一起加班加點搞設計，常常工作到深夜。累了，林徽因便會放下手中的工作，為他們煮些宵夜；睏了，就在墊子上橫七豎八地躺一會兒。那些時日裡，他們腦袋裡裝的全是與建築有關的東西。不久，經過反覆地推敲和修改之後，東北大學的教學樓、宿舍，以及實習工廠的圖紙設計都按期完成。其中，梁思成還別出心裁地借鑑了歐洲包浩斯的校舍風格，更加彰顯出建築物的時空美感。

此外，林徽因還和梁思成合作設計了瀋陽郊區的一座公園——肖何園。都說江南園林甲天下，蘇州園林甲江南，可真正要去觀賞這座「咫尺之內再造乾坤」的園林時，就會發現，肖何園內的建築蘊含著強烈的文化意識和審美情趣，更有著不同於江南味道的別緻之處。其中的「覆簣土為臺，聚拳石為山，環鬥水為池」，多少有些揚州何園建造景緻的意味，設計者也不避諱這個現實，直接起名為「肖何園」來供人評鑑。

當時，園林建築在白山黑水的東三省並不多見。人們看著眼前的美景，穿行在曲折蜿蜒、高低起伏的長廊中，猶如步入了畫境。與當地建築相比，這種有著隱逸文化的私家園林顯得獨樹一幟，分明就是文人志士用詩意的方式在表達對生活的熱愛。

孩子的出生為林徽因帶來了一個不同的天地，但追求事業與夢想的她又怎麼能放下自己喜歡的工作呢？於是，林徽因白天輔導學生，晚上照顧孩子，還要在閒餘時間查詢資料，儘管身體日漸消瘦，還時常咳嗽，但她卻無暇休息，只想著過些日子就會好起來。梁思成勸說她好多次，可即便是躺在病床上，她還是不忘翻閱相關的書籍。

1930年秋天，途經東北大學的徐志摩前去探望林徽因，見到她那時的身體情況，免不了生出關心之情。考慮到瀋陽的醫療條件，他勸說梁思成將林徽因送回北平靜養，梁思成雖不捨，但他更加擔心林徽因的身體，於是二人不久便一起回了北平。同時，林徽因的母親也趕過來照顧，一家人忙裡偷閒，倒也是其樂融融。

第六章　一樹詩華

樂自由我

在香山雙清別墅的那段日子，林徽因欣賞著綠意清泉的意境，不時和母親在山間的小路上走走，呼吸著新鮮空氣。突然沒有了來去匆匆的勞累，只能靠聽聽音樂、翻閱幾本閒書來打發日子，這樣的寂寥在心間便成了筆下源源不斷的文字。在那些唯美的詩歌中，流淌著大自然的美、生命的激情，讓人只覺得這樣的文字，只有天使才能寫出。

養病這段日子有不少的社會名流及友人先後前來慰問安撫，對於熱愛生命的林徽因來說，她更希望這樣的見面是一場永遠不散的聚會，因為每當朋友們散去之際，她都會真切地感到生命的虛無。

1931年5月15日，林徽因早早起床收拾後，迎來了上山探望她的張歆海、張奚若夫婦和時為南京中央大學教授的徐志摩。在大家眼裡，她經過這段時間的安心靜養，氣色上已經有了很大的好轉。閒聊一會兒後，眾人在林徽因的提議下，一路朝著山頂爬去。

這樣的行走是開懷的，對於長期臥病在床的林徽因來說，這更是一種難得的交流。路上，她忍不住內心的激動，背誦了最近寫下的詩。在經歷了許多事情之後，她對於人生的意義已經看得非常清晰透澈，如此，詩中便有了自己獨特的心靈感受，這樣的契合是一種人生的經歷，更是對於生命的深刻理解。

正當大家眾說紛紜之際，徐志摩開口了：「徽因是人美詩更美，簡直就是佳句天成，妙手拈來。」

眾人聽到身為詩人的徐志摩給出如此之高的評價，也隨即附和著，說得林徽因不好意思地低下了頭。其實，相比於徐志摩對這些詩的評價，她更喜歡的是他的聲音，那迷人的嗓音中始終帶著一種男人的磁性。就在幾天前，她忍不住將自己躺在病榻上的照片寄給了他，照片上的自己病怏怏的沒有精神，就連以往多情的眼睛也變得無精打采。但她就是想讓對方知道自己的現狀，並且還在照片背後寫下了一句詩，大意是守住屬於我們的靈魂。

然而當照片寄出去後，林徽因卻開始懷疑起自己的做法是否合適。這些年過去了，難道那個在最美時光裡碰見的男人還深藏在心底嗎？她不知道，只是想在這個時候做這樣的事。

因為詩情浪漫，那個生性多情的徐志摩很快就發來了約稿信。自從東北大學見過一面後，他樂此不疲地幾次來香山探望林徽因。有時是陪著一群朋友，有時是獨自一人。兩人在一起聊生活、工作和以後的打算，也會談談那個叫陸小曼的女人。

林徽因也是從談話中才知道，這個讓眾多女人著迷的風流才子過得並不幸福。雖說當年的結婚典禮轟動一時，也一度成為文化圈子裡的美談，但徐志摩卻為此付出了斷絕父子關係的代價。一下子失去了經濟來源，從此，他就成了家裡的主心骨，為了養活這個家，他不僅要四處兼職，還要南京、上海兩地來回奔波，這才算勉強供得上陸小曼日常的揮霍。

陸小曼身為民國四大才女之一，每日裡晨睡夜出，身邊有四、五個女僕服侍，尤其是近段時間，為了治療好胃病，居然又染上了吸鴉片的毛病，弄得家裡煙味不散，花錢更是如流水。徐志摩雖然勸誡過幾次，但並不見有任何改變，兩人的婚姻關係也變得十分緊張。

徐志摩在北平授課結束後，總喜歡去找林徽因，與她談詩唱歌。只有在這時，徐志摩的心才會變得平和起來。這樣的感覺無疑是愜意的，甚至只要看到她的身影，就會感到莫名的開心。她就像桌子上盛開的「六月雪」，無論是枝葉還是花朵，精緻之外還是精緻，讓人愛不釋手。

在北平授課期間，徐志摩還擔任著《晨報副刊》的主編職務，最近又打算編撰一本《詩刊》，為了盡快收集到稿件，他四處散發約稿函。收到約稿函後，林徽因便來了興致，眼前彷彿出現了那個生活不幸的男人，於是用心寫下了〈那一晚〉、〈誰愛這不息的變幻〉、〈仍然〉等詩作並投寄了過去。原本也沒有抱多大的希望，只是想透過文字述說內心，沒想到立即就被刊登在了第二期的《詩刊》上。

欣喜地聞著那清香的油墨，她一個字一個字地讀了起來，反覆讀了幾遍才停下，身體頓時也變得好了許多。更沒有想到的事還在後面，一位叫陳夢家的讀者對她的詩作進行了點評：「渴望著更綺麗的詩篇出現，對於林徽因初作的幾首詩表示我們酷愛的歡心。」

這樣的讚譽是真誠的。從此，寫詩便成了林徽因最為開心的事情。除了接待羅隆基、凌淑華、沈從文等人，她把剩餘的大部分時間都用在了寫作上。在雙清別墅中，她還陸續寫下了〈一首桃花〉、〈中夜鐘聲〉、〈山中一個夏夜〉等作品。凡是有新的詩作，她總會毫不猶豫地寄給徐志摩，而徐志摩從來也不吝嗇自己的讚美，總是給予她最大的鼓勵。本來是靜心養病，沒想到寫詩、談詩化解了肺病所帶來的危險。隨著身體的好轉，林徽因也陸續聽到了一些流言蜚語，但她似乎從來沒有將其放在心上，一個是使君有婦，一個是羅敷有夫，二人決然不會做出格的事情。

所以，詩意只是寫詩唱和，而面對現實生活時，林徽因並沒有忘記始終辛苦工作的丈夫，既擔心他的身體，也憂心當時的局勢。此時，東北局勢已變得相當複雜，東北大學被迫關閉，營造事務所也只能關門大吉。陳植見狀去了上海，自己成立營造所，梁思成面對那些被遣散的學生，也在憂憤中生出去意。

「思成，快回來，我和孩子等著你。」面對林徽因一封封情深意長的信，梁思成終於答應回來陪伴她。

只是還不待林徽因從對梁思成的思念中走出來，徐志摩又帶著一眾朋友來了，同時還帶著新出版的《詩刊》，上面刊載了徐志摩的新作〈你去〉。

「徽因，這首詩是為你寫的。多指點。」

你去，我也走，我們在此分手；
你上哪一條大路，你放心走，
你看那街燈一直亮到天邊，
你只消跟從這光明的直線！
你先走，我站在此地望著你，
放輕些腳步，別教灰土揚起，
我要認清你遠去的身影，
直到距離使我認你不分明，
再不然我就叫響你的名字，
不斷地提醒你，有我在這裡，
為消解荒街與深晚的荒涼，
目送你歸去……

……

1931年9月，由於日本人的所作所為，梁思成目睹東北大學關閉後，只好放棄教學回到北平，而林徽因也從雙清別墅搬到了北平東城牆的北總布衚衕三號。這是一處青灰瓦的四合院，從外面看普通得極不起眼，但進去後卻是別有洞天。院落寬綽疏朗，房屋結構精巧雅緻，房簷雕刻精細，透著淡淡的優雅和濃濃的京味。

陽光斜斜地照進院落，平日裡已經習慣了忙碌的梁思成，終於可以放慢生活節奏，在享受親子之樂的同時，完成《中國建築史》的撰寫。這是他心底深處最期望的生活方式，是一種「歲月依舊靜好，你優雅如初」的淡然。

離開東北大學之後，梁思成和林徽因除了照顧家庭外，更多的心思還是放在研究建築上。他們專門加入了由朱啟鈐發起的中國營造學社，一心一意地研究起中國古代建築。梁思成擔任法務部主任，林徽因則是理會事成員。

這樣的工作相對比較輕鬆，研究之外還有一些自己的私人時間，林徽因可以和朋友們一起談論文學、品鑑詩作。可以說，詩開啟了她浪漫可愛的靈魂，讓她在愉悅中成為一道亮麗的風景。她也無法忘記那首專門寫給自己的詩，那首〈你去〉還得到了金岳霖的稱讚。

金岳霖是一個我行我素的人。

四合院的生活其樂融融，徐志摩也會不時地陪朋友前來造訪，諸如物理學家周培源、文學家胡適、考古學家李濟、作家沈從文、經濟學家陳岱孫等。這些人的到來給以往安靜的四合院帶來了新的氣息，小院裡不時傳出各種歡聲笑語。梁思成雖然呆板，但他卻從來不會因為這些接待而不開心，還會主動融入其中。畢竟這是個屬於年輕人的新時代，他們有著相同的話題和思想觀念。每每來了朋友，林徽因都是主角，她的觀點總是與眾不同，但又特別尊重身邊的每一位朋友。最熱鬧的時候，朋友們還會將自己的夫人、兒女一同帶過來，大家一起交流生活中的感受，談論新出版的文藝作品。小院中多了小孩嬉戲玩耍的身影，梁思成總會在這樣的時刻傻傻地看著這些孩子，期望自己的女兒早些長大。

在這群朋友中，也有始終不願意結婚的，那就是徐志摩的好朋友金岳霖。他身材高大，長相帥氣。每次聊天，大家總繞不過愛情這個話題，而金岳霖對此有著自己的一套看法，他會直言不諱地說出來：「戀愛是一個過程，而婚姻只是這個過程中的一個階段；戀愛是否得到了幸福要從全過程來看，而不僅僅以婚姻作為衡量標準。」

身為清華大學（清華學校此時已更名為清華大學）哲學系的教授，金岳霖的觀念無疑有些前衛，可作為立志改變中國當時處境的現代化主義者，他的每一次出現都會讓大家感到愉悅。除了思想與眾不同，金岳霖的衣著也是別具一格，別人都是長袍馬褂，他卻是十分現代的夾克。林徽因倒是十分欣賞金岳霖的這種獨特性，覺得他愛運動又擅言辭，且與徐志摩一樣追求自由。金岳霖的家離梁啟超和林徽因的家只隔了一條衚衕，或許是前後院的原因，梁家的聚會，他幾乎每場都不會錯過。為了出行方便，金岳霖還乾脆要求梁氏夫婦為他開了扇後門。

塵俗優雅

穿越歲月的風塵，金岳霖也不知道怎麼就喜歡上了痊癒不久的林徽因。當然，他的喜歡只是深藏心底。每次來到這個熱鬧的小院，他就會從中嗅到一股清香，當面對美麗與智慧化身的林徽因時，向來能說會道的他就變成了徹頭徹尾的啞巴。

寧願此愛，淡如綠茶。

金岳霖不時造訪梁氏夫婦的四合院，經常見到他二人在一起研究建築構造，有次便風趣地說：「一個是梁上君子，一個是林下美人。」

梁思成順口接道：「做建築必須登高攀上，不做『梁上君子』怎麼能開拓出一條研究的新路呢？我喜歡你這總結。」林徽因雖然知道「林下」一詞出自《世說新語》，有著讚譽女子賢媛的意思，然而她並不領情，而是十分認真地說：「我可不是你說的什麼美人，新社會女性都有自己的事情可做，我才不是擺設。」沒想到這樣嚴肅的話語，金岳霖聽後卻像孩子一樣鼓掌叫好，惹得在一旁看書的梁思成也直接跟著附和。對於金岳霖來說，這樣的形容實則是一種欣賞，他已經獨自走過了那麼多浩瀚如海的光陰，如今卻被林徽因這道風景衝破了禁錮自己靈魂的寂寞。

金岳霖喜歡文學創作，工作之餘，經常接受徐志摩的約稿，而且只要他的稿子刊出，常常會受到讀者的好評。都說文人相輕，但金岳霖對林徽因從來都是支持和羨慕。表現慾望強烈的林徽因，有時也會因為寫不出來一首詩而坐立不安，每逢這樣的時刻，金岳霖就會悄然站在林徽因的身邊，其實也沒有多少指點，用他的話說就是「只想做她的第一個讀者」。

沒想到的是，這個無心而起的週六聚會慢慢成了慣例，最後竟然成為北平知識份子心中嚮往的「太太的客廳」。大家只要來到這座四合院，就會身心輕鬆，暢所欲言。作為一種文化的開誠布公，這種知識分子的狂歡愈發顯得活力四射，更是漸漸吸引了更多人的參與，蕭乾就是其中的一位。他喜歡文學，又剛在報刊上發表了自己的作品，林徽因讀到後覺得不錯，便盛情邀請他到四合院裡來喝茶。這樣的環境對於文學青年的成長進步大有助益，也使他們結下了深厚的友誼。1998 年 12 月 7 日，已經重病在身的蕭乾聽說《林徽因文集》即將出版，在因病無法動手的情況下，依然口述完成了文集的序言，可見其感恩之情。

在這個四合院中，大家熟悉而不拘束，更沒有任何隔閡，朋友們誰在生活中遇到了不如意的事情也會直接說出來，求助於大家。這樣的活動豐富而有趣，每個人都在交流中不斷碰撞著思想的火花。於是金岳霖有樣學樣，在自家小院依樣畫葫蘆搞了個「湖南飯店」的沙龍，很多人聞訊而至。後來，朱光潛也「摸著梁氏夫婦過河」，照此樣在家中辦起了每月一次的「讀詩會」。正是這樣此起彼伏的文化盛宴，促進了 1930 年代中國文化的成熟和繁榮，使反傳統、求變革成為時代風尚。

而在這一個個的文化圈子裡，只要有林徽因的身影，她就會當仁不讓地成為中心人物。「一襲長裙，面容清秀，朱顏皓齒，如一朵浸染著清淡幽香的蓮花。」

這位富有詩意並能理性生活的人，也會將自己的隱私公布於眾。

那次是因為一件小事，梁思成和林徽因少見地生起氣來。爭吵之中，梁思成乾脆一走了之去了上海，只留下林徽因在家裡以淚洗面，母親來勸，她只是哭。金岳霖跑過來勸，她還是哭。而梁思成這邊也一樣是放心不下，車還沒有到上海，就已經寫好書信。下了車，他又接連發去兩封電報。林徽因則是不睡不吃，直到接到他的電報才算作罷。這樣的事情在沙龍上說出來，似乎也不算多麼丟人，反而為大家增加了諸多的創作靈感。在大家眼中，他們還是活得那麼真性情，這樣的兩個人或許才是真正令人羨慕的神仙眷侶。不管怎麼說，這個已經被丈夫寵壞的林徽因，始終不失的是自己的真實、直率。

許多年後，女兒梁再冰在回想起「太太的客廳」時，依然深有感觸：「每到週末，許多伯伯阿姨會來我家聚會，這些伯伯們大都是清華和北大的教授，曾留學歐美，回國後，分別成為自己學科的帶頭人，各自在不同的學術領域做著開拓性和奠基性的工作。雖然當時我聽不懂大人們的談話，但可以感受到他們聚會時的友誼和愉快。」

如果說「太太的客廳」是林徽因汲取思想營養的泉源，那麼陪伴著丈夫的四處考察，則是清如秋水的快樂時光。他們夫妻二人已經完全將這樣的行走當作生命歷程中的樂趣，安頓好家裡，便背起行囊，無論是蒼茫的沼澤，還是荒無人煙的沙漠，坎坷與艱辛都沒有阻擋住他們的腳步。

一路上，梁思成用他的筆記下了種種驚險刺激。

在天晴日美的下午五時前後狂風暴雨，雷電交作。我們正在最上層架梁上，不由得不感到自身的危險。不單是在二百八十多尺高將近千年的木架上，而且緊在塔頂鐵質相輪之下，電母風伯不見得會講特別交情。

惡劣的自然天氣無法躲避，就連食物有時也成了問題。「溝道中洪流澎湃，不克前進……終日奔波，僅得饅頭三枚（人各一）。」

這樣的行程，即便是男人也未必能夠堅持下來，但林徽因憑著她對建築的熱愛之情，一直咬牙堅持著，讓自己在歲月的流淌中綻放著芬芳。每次出行，她都會很快陶醉於各色的古建築之中，每見到一個石窟、寺廟、古宅……她都會迫不及待地去了解、研究，然後用心記下詳細的資料。林徽因知道，那些文物古建物，只有加以保護才能讓它們長久留存下去。

1931年11月，天氣又開始轉冷，北平的太陽也讓人覺得不似以往的溫暖。寒風四起，林徽因在家裡為中國營造學社的授課任務忙碌著。按照教學計畫，她要在19日為近二十個國家的駐華使節講授《中國古建築藝術》一課。

到了10日，徐志摩北平授課任務結束，為示送別，梁氏夫婦請其共同觀賞一場京劇演出。回家路上，梁思成還勸說徐志摩不要為了工作太過拚命，要保養好身體。徐志摩一邊點頭答應，一邊說：「若是他日來不及告別，只能下次從上海來看你們。」林徽因微笑著說：「我19日晚要在協和禮堂為各國使節講授《中國古建築藝術》，你要是方便也請來啊。」

其實，徐志摩也很糾結。他完全可以推遲幾日再回去，可他知道陸小曼斷然不會同意。自從結婚以後，徐志摩才知道婚姻是個枷鎖，有時他真是羨慕金岳霖的單身生活，自由自在，無拘無束。僅僅為了省些車船費用，那趟答應捎他回上海的飛機班機已經改了三次，但除了無奈奔波，卻實在別無他法。陸小曼揮金如土，而父親又不願意再接濟他，徐志摩只能靠不斷地兼職來賺家用，僅 1931 年上半年，他就在上海、北平兩地來回了八次，但即便如此，仍然滿足不了家庭的花銷。

等到 19 日那天，演講如期在協和禮堂進行。開始之前，一個個好友都來後臺為林徽因祝福，卻唯獨沒有見到徐志摩。由於時間原因，林徽因也來不及去猜想他未出席的原因，便有些不安地登上了講臺。

伴著一口流利的英語，演講開始了：「建築是沒有國界的語言，人們的日常審美都與建築密切相關，而當你來到一片陌生的土地時，首先和你對話的就是建築。」一座座建築，經她深入淺出的分析講解後，立刻變得更加富有人情味。掌聲不時響起，而林徽因的眼神卻總是不時地飄向那張空著的椅子。

在演講的前一天晚上，林徽因曾接到徐志摩的電報：「定於明日飛行，下午 3 時到達，希接站，此去存亡不卜。」看到這些，她心裡立即漾出些許不開心，雖然自己不是唯心主義者，但當時乘飛機出行的安全係數並不高，這樣的話語讓人生出不安來。

為了接徐志摩，梁思成早早就去了機場，一直等到 5 點左右還不見人影，只好悻悻地回到協和禮堂。由於雜事較多，大家也沒有過多地關注徐志摩的蹤影。

徐志摩自10日在北平與林徽因話別之後，為陸小曼買了筆墨紙硯回家，想著她能在家練練字磨磨性格，然而，那些東西卻被她扔得滿地都是，兩人不歡而散。徐志摩只好去了朋友何競武家中留宿，想盡快乘郵政班機去北平。從南京機場登機時，天氣還算是風和日麗，但飛機到達徐州時，乘務員就告訴大家，由於天氣原因，飛機不宜飛行，而此時的徐志摩也不知道怎麼就想到了陸小曼，便寫了封信給她：「徐州有大霧，頭痛不想走了，準備返滬。」但等到信寄出去後，他卻又想到陸小曼刁蠻撒潑的樣子，於是想著先去北平待上幾天，等雙方的情緒都冷靜後再見面，這樣也有利於處理關係。思前想後，徐志摩最終還是登上了去北平的飛機。

那一夜，林徽因想了許多，她知道徐志摩是個守信的人，即便有事不來參加演講也會說明理由。可是天已經很晚了，卻依然沒有消息，她心裡始終忐忑不安。梁思成安慰了許久，她才慢慢睡去。

意外災難

最先得知徐志摩遇難噩耗的是胡適。

天色漸亮，林徽因就從床上爬了起來，撒著嬌催促著梁思成快去給徐志摩發一封電報，想問清楚他為何失約未能參加自己的演講。林徽因一直是個十分較真的人，她最討厭被別人欺騙。梁思成自是了解這些，便也顧不得吃飯，穿上衣服就朝著門外走去，結果與匆匆趕來的胡適撞了個滿懷。

「不好了，不好了。」

胡適一邊緊張地說，一邊晃動著手中揉得皺巴巴的《晨報》。聽到聲音的林徽因則是一身睡衣，滿臉倦容地跑了出來，從他手中搶過報紙就翻，一行大字就這麼映入眼簾。那是從濟南發來的專電。

京平北上機肇禍。昨在濟南墜落！

機身全焚，乘客司機均燒死，天雨霧大誤觸開山。

「會有志摩嗎?不會的，不會的。」說這些話的時候，她可以感覺到自己的內心無比緊張。

「我也不知道，只是聽說志摩昨日要來，結果電話也聯繫不上，便差人去打聽了，我也希望機上不會有志摩。」胡適的語速很快，話語中卻帶著沉重。報紙上還說了許多，包括飛機爆炸的瞬間。

這時電話響了，梁思成拿起聽筒，沒有聽出對方是誰，只是聽到急喘的聲音中傳來了不幸的消息：「大事不好了，徐志摩乘坐的飛機出了事。」電話重重地掉到了地上，林徽因見到梁思成的模樣，頓時腦中一片空白，手中的報紙掉在了地上，人也有氣無力地癱坐在沙發上，說不出一句話，淚水卻模糊了雙眼。

1931年11月20日這天，徐志摩遇難的消息終於確定了。

大街小巷又一次熱議起徐志摩這個人來，只不過這次的「爆炸」效應要比上次的離經叛道來得更加可怕，幾乎沒有人勇於面對這樣的逝去。每個關心徐志摩的人都是一副失魂落魄的樣子。

誰也沒有想到，這位才子詩人的結局竟然是如此悲不可言。11月22日，胡適、梁思成、金岳霖一行齊聚濟南料理徐志摩的後事，有不少喜歡徐志摩的年輕人也紛紛從四面八方湧向濟南進行紀念。

那日，為了能夠趕上林徽因的演講，徐志摩最終放棄了回到上海的打算，本來想乘火車去北平，卻又被告知北平當時已經戒嚴，所有火車都繞道而行，無奈之下，他最終還是登上了飛機。在飛到濟南南部党家莊附近時，突然大霧瀰漫。駕駛員為準確辨別航向，迫不得已降低了飛行高度。

那讓人驚駭的霧就如同從坍塌的大堤中湧出來的洪水，爭先恐後朝著四面八方散布開來。聽不到任何聲音，舷窗上快速地掠過大小不一的水珠，瞬間，就感覺飛機被吞噬於其中，只有微弱的燈光還在閃爍著，似乎在向遠處求救。看到這樣的霧，徐志摩感覺自己就像經歷了一次車禍，心裡不住地戰慄。正當他想著如何講述這次經歷時，卻沒有想到飛機會發生爆炸。當高速行駛的飛機撞上開山那刻，一團巨大的火球噴湧而出，把團團密布的霧朝著四周驅散開來。

窗外淡然而起的霧，讓林徽因感覺眼前似乎飛快翻轉著那一幀幀災難的畫面。悲傷隨著思念慢慢在霧氣中延展開來。就在前幾日，大家還在一起嬉笑打鬧，期間徐志摩還現場做了一首詩：

擁抱我直到我逝去，
直到我閉上眼睛，
直到我飛、飛、飛向太空，
變成沙、變成光、變成風。
啊！苦痛！
苦痛是短的、暫時的。
快樂是長久的，
而愛情是永恆的，
我、我要睡了……

當時，大家還對這首詩紛紛進行評論，有人不理解他詩中「飛」的境界，可現在他如同雲煙一樣飛走了，不帶走一片雲彩。

霧越發大了起來，猶如四處奔騰的浪花，漫向山巒群嶺間，也就是瞬時的工夫，便在天地間鬆鬆散散地遍布開來。等到霧氣散去之後，才發現通向雙清別墅的路是溼的，就連枯黃的草木也沾染了星星點點的朝露。陽光從厚厚的雲層中微微露出些許光輝，整個山巒便金燦燦地活泛起來。

只是這條路上再也不會有他的身影了。人死如燈滅，一場絢麗的煙花就這樣猝然熄滅了，只留下了記憶。梁思成是懂妻子的，他特意從「濟南號」爆炸現場帶回了一片失事飛機的殘骸。一個人的時候，林徽因常常會對著那塊燒焦的東西發呆，彷彿又看到了那個意氣風發的徐志摩。

徐志摩生前創辦的《新月》雜誌，當時專門出了一期紀念專刊，刊出了胡適、周作人、陸小曼等人十二篇情真意切的悼念文章，其中有一篇是林徽因的〈悼志摩〉。

志摩最動人的特點，是他那不可信的純淨的天真，對他的理想的愚誠，對藝術欣賞的認真，體會情感的切實，全是難能可貴到極點。他站在雨中等虹，他甘冒社會的大不韙爭他的戀愛自由；他坐曲折的火車到鄉間去拜哈代，他拋棄博士一類的引誘捲了書包到英國，只為要拜羅素做老師，他為了一種特異的境遇，一時特異的感動，從此在生命途中冒險，從此拋棄所有的舊業，只是嘗試寫幾行新詩……

朋友們，我們失掉的不止是一個朋友，一個詩人，我們丟掉的是個極難得可愛的人格。

……

誰相信這樣的一個人，這樣忠實於「生」的一個人，會這樣早地永遠地離開我們另投一個世界，永遠地靜寂下去，不再透些許聲息！

傷心的事情終會過去，而快樂則會見縫插針地擠過來。

1932年8月，梁氏夫婦的第二個孩子出生了。

此時，兩人正忙於一篇向《營造法式》作者李誡致意的論文，於是他們為兒子取名「從誡」，意在希望他能夠繼承父母理想，追隨建築大師李誡，成為建築史上有用的人才。

孩子出生以後，林徽因把所有的精力都放到撫養孩子身上。而梁思成則又開始四處奔波，他沒日沒夜地考察著各地的古建築，然後把得到的結果進行整理。大漠黃沙、江南小鎮，都江堰、西湖，每一處建築背後，都有著一段不平凡的故事。建築就像是他的第二生命，讓他忘我地工作著。透過一系列的實地考察，又結合收集的大量資料，梁思成很快完成了《清式營造則例》和《營造算例》兩本書的撰寫出版工作。

而林徽因在家中也未閒著，除了料理家務，照顧孩子，她仍會學習古今中外的名人詩篇，並在《學文》雜誌上發表了〈你是人間的四月天〉。

我說你是人間的四月天；
笑響點亮了四面風；
輕靈在春的光豔中交舞著變。
你是四月早天裡的雲煙，
黃昏吹著風的軟，
星子在無意中閃，
細雨點灑在花前。
那輕，那娉婷，你是，
鮮妍百花的冠冕你戴著，
你是天真、莊嚴，
你是夜夜的月圓。
雪化後那片鵝黃，你像；
新鮮初放芽的綠，你是；
柔嫩喜悅，

水光浮動著你夢期待中白蓮。
你是一樹一樹的花開，
是燕在梁間呢喃，
——你是愛，是暖，是希望，
你是人間的四月天！

這溫暖人心的文字，恰如林徽因傳奇卻又恬淡的一生。這濃濃的詩意在彰顯其魅力的同時，更透著一種浪漫情懷。

詩樣人生

自從徐志摩罹難以後，家裡很少再出現爽朗的笑聲。雖說「太太的客廳」還會照常進行，但每每看到那個空著的座位時，林徽因總覺得少了些什麼。梁思成又總是沒日沒夜地往荒郊野外跑，只好把照顧家和妻子的任務交給了金岳霖。金岳霖比林徽因大九歲，但從面相上來看兩人更像是父女。他和馮友蘭一起創立了清華大學哲學系，把自己的一切都無償地獻給了哲學研究。這些年裡，梁、金兩家一直前後院住著，給人的感覺總是形影不離。金岳霖話並不多，但骨子裡卻很幽默，每每有女子見了他那高大的身材，總會忍不住地回頭觀望。但他在面對林徽因時，卻始終覺得自己是那麼矮小。

之前和徐志摩談天說地時，金岳霖就不止一次地誇讚過林徽因，這樣的流露是羨慕，也是忌妒。在他看來，這位年輕媽媽在舉手投足間有著一種特別的美，不僅值得細細觀瞻，更值得慢慢品味，彷彿就是一首多情的詩，字裡行間都有著噴薄欲出的心語。徐志摩曾誇林徽因的詩是「妙手得之，是自然與心靈的契合，又總能讓人讀出人生的況味」。可以說，她的人就像其筆下的詩，時時吸引人的笑容，恍若在世間詩意地行走。

在林徽因最無助的時候，金岳霖悄無聲息地出現在她身邊，這位博學的男人甘願付出一切，給林徽因最為溫暖的呵護與幫助。林徽因將此看在眼裡，也記在了心中。她發現自己正在發生變化，好多時候，她從金岳霖的身上察覺到了徐志摩的影子，外表英俊，學識口才俱佳，情感細膩豐富；再仔細思索時，又發現他身上竟然還有著梁思成的影子，實在、可靠、性格質樸，對任何事物都不失興趣。

這些，讓兩個人從心底生出惺惺相惜的感覺來。愛的境界是從容，可以說，林徽因不僅看清了自己所愛，也願意任人優雅地愛著，尤其是面對金岳霖這個特殊的存在時，有了好感，又不能說給梁思成，思前想後就只好寫信向閨蜜費慰梅傾訴：「我們親愛的老金，以他具有特色、富於表現力的英語能力和豐富的幽默感，以及無論遇到什麼事都能處變不驚的本領，總是在人意想不到的地方為朋友們保留一片溫暖的笑。」這樣的讚譽裡飽含著溫情與信任，這樣的感情是一個逐漸升溫的過程，不過於曖昧卻又甚過友情，但絕對不是一場愛情遊戲，也不是彼此自私的占有，更多的是欣賞，是渴望，是靈魂的碰撞。

有好幾次一起吃飯的時候，林徽因都發現金岳霖傻傻地望著自己發呆，面對這種注視，她感覺到自己的臉頰發燙，卻又不知道該如何化解，只好藉故起身離去。似乎從徐志摩把他介紹給大家認識沒多久，金岳霖就經常來梁家吃飯，大家相處得其樂融融。可是梁思成出去考察這段時間，林徽因明顯地覺得金岳霖有了變化。

金岳霖何嘗不懂林徽因，但正是因為懂得，所以他才選擇了默默關注，就像欣賞雨中的蓮花，就像遠望天空的飛鳥。當然，他最喜歡的還是陪著她談建築，建築無疑是林徽因的命。一天，當金岳霖聽林徽因談完一個設計方案時，從嘴中取下菸斗，緩緩地吐出煙，說道：「如果能夠將這些建築的門有序地排列一起，那我或許更願意從這裡進去。」聽到這裡，林徽因先是一愣，但很快就理解了他的意思，然後在圖紙上重新畫起來。那感覺就像是一位資深的先生在指導一位聽話的學生。這樣的交流是有趣的，也讓林徽因感受到了一種看不見、摸不到的情感。她無法明確地表達出那是一種怎樣的感覺，或許是依賴，又或許是欽佩、敬愛，她也不知道該將這種感覺告訴誰，只是在心裡承認，自己很欣賞金岳霖。

好幾個晚上，她都不能入睡，腦子裡不知道在想些什麼。

只感覺愛就要像暴風雨一樣來臨了，可真正要面對時，林徽因變得不再從容，她生怕再遇到一位徐志摩這樣的人。

沒有束縛的愛才會從容，林徽因並不願意將這樣的情感深藏內心。

梁思成從寶坻考察結束回到家，她激動得連洗臉水都沒有打，就拉著他的手，認真而又無比糾結地說出了內心的想法。

「思成，怎麼辦，最近這些天我苦惱極了，因為我同時愛上了兩個人，不知道該怎麼辦才好。」那一刻，她全然不像一位妻子在訴說內心的憂鬱，而更像一位初臨愛情的女孩茫然不知所措。

林徽因話剛說完，梁思成就知道她喜歡上了金岳霖。

他不知道該說什麼，也不知道臉上該露出何種表情。梁思成不知道自己是如何度過那一晚的，只是覺得黑夜太長。他在腦海裡把金岳霖的種種行為舉止放電影般地過了一遍，發現他既有徐志摩笑對群儒的智慧，也有勝於自己的紳士風度，總之，無論怎麼比較都勝過了自己。

「我細細地想了一個夜晚，我反覆地問自己，你到底和我生活幸福，還是與老金一起幸福？你永遠都是自由的，如果你選擇了老金，我祝願你們永遠幸福。」梁思成一股腦地說了這些，卻始終沒有問及他們是怎麼喜歡上對方的，又發展到了什麼地步。

第二天，林徽因含著淚把梁思成的話一字不漏地說給了金岳霖。哲學家的回答是：「看來思成是真正愛你的，我不能傷害一個真正愛你的人，我應當退出。」

從此之後，誰也不再提及此事，彷彿從來就沒有發生過。相反，大家的關係更加親近了，以至於後來梁思成和林徽因發生爭吵，都會請金岳霖出面調解。除了自己的事，林徽因還會把金岳霖推薦給自己的朋友。有一次，沈從文喜歡上一名教師，與妻子鬧得不可開交，最後還是金岳霖出面調解才得以消停。

經過此事之後，林徽因重新思考了這樣的關係該如何處理：「思成是個慢性子，願意一次只做一件事，最不善於處理雜七雜八的家務。但雜七雜八的事卻像紐約中央車站任何時候都會到達的各線火車一樣向他駛來。我也許仍然是站長，他卻是車站！我也許會被碾死，他卻永遠不會。金岳霖是那樣一種過客，他或是來送客，或是來接人，對交通略有干擾，卻總能使車站顯得更有趣，使站長更高興些。」

金岳霖也有自己的說法：「愛與喜歡是一種不同的感情或感覺。這二者經常是統一的。不統一的時候也不少，有人說可能還非常之多。愛說的是，父母、夫婦、姐妹、兄弟之間比較自然的感情，喜歡說的是朋友之間的喜悅，它是朋友之間的感情。」經哲學家這樣一番解釋，生活中似乎真的充滿了樂趣。

平淡相守，一生安然。這樣的愛情沒有任何負擔，也不會把人灼傷。

而金岳霖的後半生基本上都是「擇林而居」。對於這個男人來說，他內心的故事無人可知，確實，「生前沒有說的，死後也不會講，要說，就留待以後在另一個世界見面後當面說吧」。

一個相遇，醉了流年；一種心動，刻在心田。回眸，綻放宛如朝霞的微笑；悸動，暈開了愛的花田。

1954 年 6 月，林徽因當選北京市人大代表，可她的身體卻已大不如前。隨著病情惡化，孩子們將她送進了同仁醫院。從開始接觸濃烈的來蘇水那天起，她就覺得日子變得漫長起來，一天彷彿一個世紀一般。

病床前的桌子上，每天都會換上一束散發著淡淡香味的鮮花，這些花不禁讓她想起從前的野外生活。那時，攀高爬上根本就是一種幸福的挑戰，除了能夠眺望遠處的景緻外，有時還可以從古舊的建築物上發現一些小花，就那麼星星點點地開著，雖然小卻開得燦爛、開得奔放。她也會在考察之餘摘些夾在本子裡，過了好久之後再次開啟，仍然可以從中感受到花的生命。可是眼前這些花縱然新鮮，卻遠不如野外的自然。

無聊之際，她也會寫信給朋友：「我還是告訴你們我為什麼來住院吧。別緊張。我是來這裡做一次大修。只是把各種零件補一補，用我們建築行業的話來說，就是堵住幾處屋漏或者安上幾扇紗窗。」她的身體每況愈下，臉色蒼白，瘦得幾乎沒有了人形。就在這個時候，梁思成也被送進了醫院，住在了她的隔壁。不打針的時候，彼此還可以走動，可恍然間卻覺得遠了許多。這些時日，林徽因一直活在回憶之中，想十六歲的康橋，也想相互扶持的賓大，想那個大鬍子的父親，也想從來不苟言笑的母親，最後他想到了徐志摩的髮妻張幼儀。

「再冰，我可以見見張幼儀嗎？」這個時候，母親的任何請求，孩子都會答應的。當兩個頭髮斑白的女人站在一起時，縱然從前有再多的怨恨，此刻似乎也都煙消雲散了。人生真的太短暫，短暫得根本容不下太多的記憶。望著張幼儀遠去的背影，林徽因只覺得自己終於可以釋懷了。

人生，不過是相聚又別離。1955年4月1日凌晨，林徽因從一陣艱難的咳嗽聲中醒了過來，她使勁地伸手想要抓住什麼，卻就此告別了這個多情的世界。

一個美與智慧交織的靈魂遠去了，她的往事中瀰漫著一股與眾不同的清新。這位傳奇的女性，在世事的紛擾之中依然優雅從容，從未迷失過自己。於她而言，愛情只是生活的點綴，事業和獨立的品格才讓她始終魅力四射。她曾說：「我們要在安靜中，不慌不忙地堅強。」林徽因並沒有辜負命運與歲月，而是在這樣的餽贈中構織著錦繡人生。

金岳霖在林徽因的追悼會上寫下了一副輓聯：「一身詩意千尋瀑，萬古人間四月天。」

多年之後，仍是單身一人的金岳霖突然邀請了幾位好友一起聚餐，眾人到齊之後，他才說：「今天是徽因的生日，請大家來吃飯，是為了紀念她。」

作為林徽因愛情生活的插曲，金岳霖永遠不會想到，這樣的愛情最終會成為一種親情一直延續下來。梁家的孩子從小喜歡金岳霖，一直照顧這位「金爸」終老，讓這個世界上又多了一種愛的方式。

在所有物是人非的景色裡，林徽因這個墜落人間的天使以刹那芳華，在靈魂的舊事中完成了動人心扉的堅守。

你是一樹一樹的花開，
是燕在梁間呢喃，
——你是愛，是暖，是希望，
你是人間的四月天。

林徽因詩歌選

誰愛這不息的變幻

誰愛這不息的變幻，她的行徑？
催一陣急雨，抹一天雲霞，月亮，
星光，日影，在在都是她的花樣，
更不容峰巒與江海偷一刻安定。
驕傲的，她奉著那荒唐的使命：
看花放蕊樹凋零，嬌娃做了娘；
叫河流凝成冰雪，天地變了相；
都市喧譁，再寂成廣漠的夜靜！
雖說千萬年在她掌握中操縱，
她不曾遺忘一絲毫髮的卑微。
難怪她笑永恆是人們造的謊，

來撫慰戀愛的消失，死亡的痛。
但誰又能參透這幻化的輪迴，
誰又大膽地愛過這偉大的變幻？

那一晚

那一晚我的船推出了河心，
澄藍的天上托著密密的星。
那一晚你的手牽著我的手，
迷惘的星夜封鎖起重愁。
那一晚你和我分定了方向，
兩人各認取個生活的模樣。
到如今我的船仍然在海面飄，
細弱的桅桿常在風濤裡搖。
到如今太陽只在我背後徘徊，
層層的陰影留守在我周圍。

到如今我還記著那一晚的天，
星光、眼淚、白茫茫的江邊！
到如今我還想念你岸上的耕種：
紅花兒黃花兒朵朵的生動。
那一天我希望要走到了頂層，
蜜一般釀出那記憶的滋潤。
那一天我要跨上帶羽翼的箭，
望著你花園裡射一個滿弦。
那一天你要聽到鳥般的歌唱，
那便是我靜候著你的讚賞。
那一天你要看到零亂的花影，
那便是我私闖入當年的邊境！

笑

笑的是她的眼睛，口唇，
和唇邊渾圓的漩渦。

豔麗如同露珠，
朵朵的笑向
貝齒的閃光裡躲。
那是笑——神的笑，美的笑：
水的映影，風的輕歌。
笑的是她惺松的鬈髮，
散亂地挨著她的耳朵。
輕軟如同花影，
癢癢的甜蜜
湧進了你的心窩。
那是笑——詩的笑，畫的笑：
雲的留痕，浪的柔波。

深夜裡聽到樂聲

這一定又是你的手指，
輕彈著，

在這深夜，稠密的悲思；
我不禁頰邊泛上了紅，
靜聽著，
這深夜裡弦子的生動。
一聲聽從我心底穿過，
忒淒涼
我懂得，但我怎能應和？
生命早描定她的式樣，
太薄弱
是人們的美麗的想像。
除非在夢裡有這麼一天，
你和我
同來攀動那根希望的弦。

情願

我情願化成一片落葉，
讓風吹雨打到處飄零；
或流雲一朵，在澄藍天，
和大地再沒有些牽連。
但抱緊那傷心的標誌，
去觸遇沒著落的悵惘；
在黃昏，夜半，躡著腳走，
全是空虛，再莫有溫柔；
忘掉曾有這世界；有你；
哀悼誰又曾有過愛戀；
落花似的落盡，忘了去
這些個淚點裡的情緒。
到那天一切都不存留，
比一閃光，一息風更少

痕跡，你也要忘掉了我
曾經在這世界裡活過。

仍然

你舒伸得像一湖水向著晴空裡
白雲，又像是一流冷澗，澄清
許我循著林岸窮究你的泉源：
我卻仍然懷抱著百般的疑心
對你的每一個映影！
你展開像個千瓣的花朵！
鮮妍是你的每一瓣，更有芳沁，
那溫存襲人的花氣，伴著晚涼：
我說花兒，這正是春的捉弄人，
來偷取人們的痴情！
你又學葉葉的書篇隨風吹展，

揭示你的每一個深思，每一角心境，
你的眼睛望著我，不斷地在說話：
我卻仍然沒有回答，一片的沉靜
永遠守住我的魂靈。

山中一個夏夜

山中一個夏夜，深得
像沒有底一樣；
黑影，松林密密的；
周圍沒有點光亮。
對山閃著只一盞燈——兩盞
像夜的眼，夜的眼在看！
滿山的風全躡著腳
像是走路一樣，
躲過了各處的枝葉

各處的草，不響。
單是流水，不斷地在山谷上
石頭的心，石頭的口在唱。
均勻的一片靜，罩下
像張軟垂的幔帳。
疑問不見了，四角裡
模糊，是夢在窺探？
夜像在祈禱，無聲地在期望，
幽馥的虔誠在無聲裡布漫。

激昂

我要借這一時的豪放
和從容，靈魂清醒的
在喝一泉甘甜的鮮露，
來揮動思想的利劍，

舞它那一瞥最敏銳的
鋒芒，像皚皚塞野的雪
在月的寒光下閃映，
噴吐冷激的輝豔；——斬，
斬斷這時間的纏綿，
和猥瑣網布的糾紛，
剖取一個無瑕的透明，
看一次你，純美，
你的裸露的莊嚴。
……
然後踩登
任一座高峰，攀牽著白雲
和錦樣的霞光，跨一條
長虹，瞰臨著澎湃的海，
在一穹勻靜的澄藍裡，

書寫我的驚訝與歡欣，
獻出我最熱的一滴眼淚，
我的信仰，至誠，和愛的力量，
永遠膜拜，
膜拜在你美的面前。

記憶

斷續的曲子，最美或最溫柔的
夜，帶著一天的星。
記憶的梗上，誰不有
兩三朵娉婷，披著情緒的花
無名地展開。
野荷的香馥，
每一瓣靜處的月明。
湖上風吹過，頭髮亂了，或是

水面皺起像魚鱗的錦。
四面裡的遼闊，如同夢
蕩漾著中心徬徨的過往，
不著痕跡，誰都
認識那圖畫，
沉在水底記憶的倒影！

靜坐

冬有冬的來意，
寒冷像花——
花有花香，冬有回憶一把。
一條枯枝影，青煙色的瘦細，
在午後的窗前拖過一筆畫；
寒裡日光淡了，漸斜……
就是那樣地，

像待客人說話，
我在靜沉中默啜著茶。

蓮燈

如果我的心是一朵蓮花，
正中擎出一支點亮的蠟，
熒熒雖則單是那一剪光，
我也要它驕傲地捧出輝煌。
不怕它只是我個人的蓮燈，
照不見前後崎嶇的人生——
浮沉它依附著人海的浪濤，
明暗自成了它內心的祕奧。
單是那光一閃花一朵——
像一葉輕舸駛出了江河——
宛轉它漂隨命運的波湧，

等候那陣陣風向遠處推送。
算做一次過客在宇宙裡，
認識這玲瓏的生從容的死，
這飄忽的途程也就是個——
也就是個美麗美麗的夢。

別丟掉

別丟掉
這一把過往的熱情，
現在流水似的，
輕
輕
在幽冷的山泉底，
在黑夜，在松林，
嘆息似的渺茫，
你仍要保存著那真！

一樣是月明，
一樣是隔山燈火，
滿天的星，只有人不見，
夢似的掛起，
你問黑夜要回
那一句話——你仍得相信山谷中留著
有那回音！

畫夢

畫夢
垂著紗，
無從追尋那開始的情緒
還未曾開花；
柔韌得像一根
乳白色的莖，纏住

紗帳下；銀光
有時映亮，去了又來；
盤盤絲絡
一半失落在夢外。
花竟開了，開了；
零落的攢集，
從容的舒展，
一朵，那千百瓣！
抖擻那不可言喻的
剎那情緒，
莊嚴峰頂——
天上一顆星……
暈紫，深赤，
天空外曠碧，
是顏色同顏色浮溢，騰飛……

深沉，
又凝定——
悄然香馥，
嫋娜一片靜。
晝夢
垂著紗，
無從追蹤的情緒
開了花；
四下裡香深，
低覆著禪寂，
間或遊絲似的搖移，
悠忽一重影；
悲哀或不悲哀
全是無名，
一閃娉婷。

冥思

心此刻同沙漠一樣平，
思想像孤獨的一個阿拉伯人；
仰臉孤獨地向天際望
落日遠邊奇異的霞光，
安靜的，又側個耳朵聽
遠處一串駱駝的歸鈴。
在這白色的周遭中，
一切像凝凍的雕形不動；
白袍，腰刀，長長的頭巾，
浪似的雲天，沙漠上風！
偶有一點子振盪閃過天線，
殘霞邊一顆星子出現。

一串瘋話

好比這樹丁香，幾枝山紅杏，
相信我的心裡留著有一串話，
繞著許多葉子，青青的沉靜，
風露日夜，只盼五月來開開花！
如果你是五月，八月裡為我吹開
藍空上霞彩，那樣子來了春天，
忘掉靦腆，我定要轉過臉來，
把一串瘋話全說在你的面前！

對殘枝

梅花你這些殘了後的枝條，
是你無法訴說的哀愁！
今晚這一陣雨點落過以後，
我關上窗子又要同你分手。

但我幻想夜色安慰你傷心，
下弦月照白了你，最是同情，
我睡了，我的詩記下你的溫柔，
你不妨安心放芽去做成綠蔭。

對北門街園子

別說你寂寞；大樹拱立，
草花爛漫，一個園子永遠
睡著；沒有腳步的走響。
你樹梢盤著飛鳥，每早雲天
吻你額前，每晚你留下對話
正是西山最好的夕陽。

一天

今天十二個鐘頭，
是我十二個客人，
每一個來了，又走了，
最後夕陽拖著影子也走了！
我沒有時間盤問我自己胸懷，
黃昏卻躡著腳，
好奇地偷著進來！
我說：朋友，
這次我可不對你訴說啊，
每次說了，傷我一點驕傲。
黃昏黯然，無言地走開，
孤單的，沉默的，
我投入夜的懷抱！

憂鬱

憂鬱自然不是你的朋友；
但也不是你的敵人，你對他不能冤屈！
他是你強硬的債主，你呢？
是把自己靈魂壓給他的賭徒。
你曾那樣拿理想賭博，不幸
你輸了；放下精神最後保留的田產，
最有價值的衣裳，然後一切你都
賠上，連自己的情緒和信仰，那不是自然？
你的債權人他是，那麼，別盡問他臉貌
到底怎樣！呀天，你如果一定要看清，
今晚這裡有盞小燈，燈下你無妨同他
面對面，你是這樣的絕望，他是這樣無情！

電子書購買　　爽讀 APP

國家圖書館出版品預行編目資料

文學與建築的傳奇才女，林徽因：在文學中寄託詩情，在建築藝術中實現抱負，永遠的人間四月天！/ 常曉軍 著 . -- 第一版 . -- 臺北市：崧燁文化事業有限公司 , 2024.08

面；　公分

POD 版

ISBN 978-626-394-693-4(平裝)

782.886　113012066

文學與建築的傳奇才女，林徽因：在文學中寄託詩情，在建築藝術中實現抱負，永遠的人間四月天！

臉書

作　　者：常曉軍

負責編輯：高惠娟

發 行 人：黃振庭

出 版 者：崧燁文化事業有限公司

發 行 者：崧燁文化事業有限公司

E-mail：sonbookservice@gmail.com

粉 絲 頁：https://www.facebook.com/sonbookss/

網　　址：https://sonbook.net/

地　　址：台北市中正區重慶南路一段 61 號 8 樓

8F., No.61, Sec. 1, Chongqing S. Rd., Zhongzheng Dist., Taipei City 100, Taiwan

電　　話：(02) 2370-3310　　　傳　　真：(02) 2388-1990

印　　刷：京峯數位服務有限公司

律師顧問：廣華律師事務所 張珮琦律師

定　　價：375 元

發行日期：2024 年 08 月第一版

◎本書以 POD 印製

Design Assets from Freepik.com